文章のポイントを
短く、わかりやすく伝える
「要約力」が身につく

Super Title Encyclopedia
Azuma Kanako

超タイトル大全

東 香名子

プレジデント社

タイトル【title】

1 表題。題名。

2 肩書き。称号。

3 選手権。また、その保持者の資格。「―を奪う」

4 本や映画・レコードなど、表題のある作品。

5 映画・テレビの字幕。
　特に、題名・配役などの字幕。

出典：デジタル大辞泉（小学館）

本書で言うタイトルとは、「ウェブ記事のタイトル（題名）」を指します。また、本のカバーにある「頭のいい人」とは、知識の豊富さはもちろん、人の心を動かす表現を知っている人のことを指します。彼らは論理的思考と感情のバランスを巧みに取り、人々の関心を引きつけ、共感を呼び起こす力を持っています。そして、深い洞察力とクリエイティビティを駆使して、バズる表現を生み出すことができると考えます。

はじめに

ライティング初心者でもバズる、たった一つの方法

「せっかく書いたのに誰も読んでくれない」
　こんな思いを抱いたことはないでしょうか。
　書き手にとって、自分の書いた文章が読まれないことほど悲しいことはありません。どうにかして読んでもらおうと、ときに旬のテーマを選んだり、記事を作り込んだり、気の利いた表現を織り交ぜてみたり、写真をたくさん載せてみたり、満月の夜に神に祈ってみたり……。ありとあらゆる手段を講じることと思います。

　しかし、書き手にとって現代は、近年まれに見る文章戦国時代といえます。
　ウェブ上で1日に配信される記事の数をご存じでしょうか。多くの人が目にしているYahoo!ニュースだけでも、1日5000本を超える記事が配信されています。そのほかにも、日夜さまざまな記事がウェブ上をにぎわせています。本数を数えると、1日数万本、いや数百万本規模に上るかもしれません。

　それはまるで大河のように、ユーザーの目の前で膨大な数の記事が現れては、どんどん消えていきます。あなたの記事は、いわば「大河の一滴」です。

ユーザーは、記事の大河の中から、タイトルを見てクリックするかどうかを瞬時に判断します。「読まない」と思ったら、はい、それまで。記事の大河に流されて、もう読まれることはないでしょう。つまり、今の時代に「読んでもらう」ということは、なかなか難易度の高いことなのです。

「プロの書き手でも難しいのに、SNSに書き始めたばかりの自分にはもっと難しいのでは」と思ったあなた！あきらめるのはまだ早いです。経験の少ない人でも「あっ」という間に誰かの目に留まる記事を作る方法があります。
　それが、<u>タイトルを磨くこと</u>です。

　タイトルとは、記事の「題名」のこと。最初に読者の目に触れる、記事で最も大切なところです。とくに、最初の9文字が勝負です。ここに記事のキーワードや、読者が反応を示しそうな言葉を詰め込んで、読み手のハートを一気にわしづかみにします。読者は最初の0.9秒でこの9文字に触れ、興味を持たなければスルーしてしまうのです。
　では、読者の心を奪うタイトルを磨くために、具体的には何をすればいいのでしょうか。
　<u>タイトルが目に留まるように、工夫すればいいのです。</u>

　ポイントはたったの2つです。
　1つ目は、執筆するテーマを「旬」のものにすること。これだけで、バズる確率が一気にはね上がります。旬のテーマについては後ほど、あますところなく紹介します。
　2つ目は、この本に従って、記事のテーマに合うタイト

ルのテンプレートを選び、バズりやすい言葉を当てはめること。以上です。簡単なことだと思いませんか。
　この本は、<u>何も考えずにバズるタイトルを作ることができる、魔法の本</u>なのです。

　最後に、文字数を調整すれば完成です。
　ニュースサイトのタイトルは約30文字が一般的ですが、人の心に訴える文字要素は、多くが21〜25文字程度に凝縮されています。タイトルは、21文字前後でも、十分視線を集めることができるのです。

　近年はTikTokやYouTube動画などの短い「ショート動画」に人気が集まっています。ユーザーは短いものを好みます。タイトルも短くし、読まれる要素を21文字に凝縮するだけで、多くの人にクリックされ、あなたの書いた記事が読まれるのです。
　では、どうすれば短い文章で魅力的に伝えることができるのか、その方法についても本書で紹介します。

PVを650倍に！
執筆記事はメディア4冠を達成

　自己紹介が遅れました、東香名子（あずま）と申します。
　現在はコラムニスト、ビジネス誌の編集者としても活動しています。学生時代からライターをはじめ、キャリアは約20年を数えます。
　2013年、女性サイトの編集長に就任し、記事のタイトル

をうまく作ることで、PV（ページビュー）を650倍にしました。編集長の職を離れた現在は、フリーランスのコラムニストとして、旅行・鉄道コラムの執筆をしています。

　執筆したコラムは軒並み閲覧数1位を獲得し、文春オンライン、東洋経済オンライン、プレジデントオンライン、現代ビジネスの各メディアで4冠を達成しました。これもタイトルあっての功績です。

　2021年には「鉄道トレンド総研」を立ち上げ、所長として、鉄道のトレンド調査記事を発信しています。スタートからわずか1年足らずで、記事がテレビに2回取り上げられました。これもタイトルを少し工夫しただけです。

　記事だけでなく、私自身もテレビやラジオをはじめメディアに多数出演しています。趣味の鉄道とクイズを生かし、『パネルクイズ　アタック25 Next』や『超逆境クイズバトル!!　99人の壁』では熱い戦いをくり広げました。

　そう、私のキャリアは、すべて「タイトル」のおかげなのです。タイトルを磨いたからこそ、世の中から注目され、お仕事をたくさんいただけるようになりました。

　フッフッフ、これまで私が研究してきた「タイトル術」は私だけのもの……。
　なんてケチくさいことは申しません。みなさんにも使っていただけるように、色々な場所で講演やセミナーを開催しています。「テクニックはみんなでシェアをして、みんなでバズっていきましょう」というのが私のポリシーです。

ウェブのタイトルや文章には「型」があります。それに従って書けば、書くことに慣れていない人でも、バズる記事が書けるようになります。本書ではそのテクニックをあますところなく紹介していきます。

「バズる文章」は人の手から生まれる

　ここ数年、「生成AI」が凄まじい勢いで進化しています。
　文章作成の技術も進歩し、「○○の内容について、1000文字で記事を書いて」と注文すれば、AIがあっという間に文章を作成してしまいます。
　果たして今、人間がわざわざ手を動かして文章を書く意味はあるのでしょうか。時間がかかるし、考えるのも面倒だし、効率的ではないと思うかもしれません。

　しかし、人間とAIが書く文章には、決定的な違いがあります。それは<u>「心」があるかないか</u>です。AIが書く文章には人間の持つ「心」が欠如しています。
　たしかにAIが書く文章は、文法的に正しく、完璧に見えるかもしれません。ビジネスでもそのまま通用するでしょう。しかし、気持ちが込もっていないのです。どこか機械的で冷たい印象があります。
　愛情や驚き、感動、共感、恐怖、好奇心など、人間の心が「おっ」と動くような感情表現は、まだAIにはできません。

　「AIが作った絵には心が動かない」と言う人もいます。これも同じで、どこか人工的で、イマイチ魅力を感じないの

ではないでしょうか。「ヘタウマ」という言葉があるように、<u>上手でなくても、アイデアに気持ちが込められていれば、人の心を動かす芸術家になることができます。</u>
　<u>血の通ったものに触れたとき、人の心は動く。</u>
　これは文章も同じです。人間の心のツボを熟知し、「おっ」と振り向いてもらえるような文章を書くことは、人間にしかできません。人の書く文章を通して、人の心を動かすことで「バズる」が生まれてきます。

　どんなにAIが進化しても、人の心を動かす文章をAIが作ることはできないでしょう。
　<u>バズるおもしろさは、人の手で生み出すものです。</u>
　AIはあくまで補助的に活用しつつ、人間だからできる「創作活動」を楽しみながら、タイトルを磨いていきましょう。

　なお、SEO対策など、テクニカルで一般の人にとって少し難しい専門知識には、本書では触れていません。ウェブの知識がなくても、気軽に実践することができます。
「書くことが苦手」「ウェブに文章を公開するのがはじめて」「なんやかんやで難しそう」という人でも理解できるようわかりやすく書きました。目次を見て、ピンときたページを開いてみてください。

　バズると人生が変わります。
　さあ、あなたも心を動かすタイトルを作ることで、新しい人生をスタートさせましょう！

もくじ

はじめに
ライティング初心者でもバズる、たった一つの方法 ——— 5

―――――― 【基礎編】 ――――――

第1章 ウェブ記事は「タイトル」で命運が決まる

| 1-1 |【閲覧数UP】タイトルを磨くだけで
読み手の注目度は100倍になる ——— 16
| 1-2 |【知名度UP】魅力的なタイトルは
フォロワーを一気に爆増させる ——— 18
| 1-3 |【収入UP】タイトル作成力がある人は
仕事が一生途切れない ——— 19
| 1-4 |【伝える力UP】タイトルを考え続けると
「わかりやすく伝える力」が身につく ——— 21
| 1-5 |【コミュ力UP】タイトル作りがうまくなると
人間関係のトラブルが減る ——— 23
| 1-6 |【効率UP】ウェブ上の質の良い記事を
一瞬で見極める力が身につく ——— 25

第1章 まとめ ——— 26

COLUMN 01
「役に立った」という圧倒的手応えがモチベーションにつながる ——— 27

第 2 章 「結局、何を書けばいいの?」タイトルを作る前に必要な4つの下準備

| 2-1 | 「旬なテーマ」を選ぶだけでPV数が一気にはね上がる ———— 30
| 2-2 | 【最新版】クリック率が簡単に爆上がりする記事のテーマ10選 ———— 37
| 2-3 | 読者の「好み」と「悩み」を徹底的に研究しよう ———— 46
| 2-4 | タイトルが劇的に飛躍を遂げる「5W1Hの法則」とは? ———— 50

第2章 まとめ ———— 54

COLUMN 02
【最新トレンド】タイトルの文字数は何文字が最適? ———— 55

【実践編】

第 3 章 「バズるタイトル」を誰でも簡単に作れる8か条

| 3-1 | バズるタイトルは「最初の9文字」が命! ———— 64
| 3-2 | 「○○が解決する」で読者にメリットを感じさせる ———— 66
| 3-3 | 「数字」を入れるとスポットライトが当たる ———— 68
| 3-4 | 「端数」を使ってインパクトを残す ———— 73
| 3-5 | 「意外性のある事実」がシンプルに読み手の心を撃つ ———— 75
| 3-6 | 「セリフ」を加えて注目度を一気に上げる ———— 77
| 3-7 | 【応用編①】「注意」「危険」で警戒心を刺激する ———— 79
| 3-8 | 【応用編②】ライフイベント関連の記事には「あなた」が効く ———— 81

第3章 まとめ ─────── 83

COLUMN 03
タイトル作りが一気に楽になるトレーニング法 ─── 84

第4章 使うと今すぐバズる！ ジャンル別タイトルテンプレート×おすすめワード

| 4-1 | 「ビジネス・マネー」の記事を書くときはコレ！
神技テンプレート7選＋おすすめワード ─── 92

| 4-2 | 「くらし・生活」の記事を書くときはコレ！
神技テンプレート5選＋おすすめワード ─── 97

| 4-3 | 「恋愛・婚活」の記事を書くときはコレ！
神技テンプレート5選＋おすすめワード ─── 101

| 4-4 | 「美容・ファッション」の記事を書くときはコレ！
神技テンプレート5選＋おすすめワード ─── 105

| 4-5 | 「健康・ヘルスケア」の記事を書くときはコレ！
神技テンプレート5選＋おすすめワード ─── 109

| 4-6 | 「趣味」の記事を書くときはコレ！
神技テンプレート5選＋おすすめワード ─── 113

| 4-7 | 「旅行・レジャー」の記事を書くときはコレ！
神技テンプレート5選＋おすすめワード ─── 117

| 4-8 | 「グルメ・レシピ」の記事を書くときはコレ！
神技テンプレート5選＋おすすめワード ─── 121

| 4-9 | 「調査・アンケート」の記事を書くときはコレ！
神技テンプレート5選＋おすすめワード ─── 125

| 4-10 | 「エンタメ」の記事を書くときはコレ！
神技テンプレート5選＋おすすめワード ─── 129

第4章 まとめ ─────── 133

> **COLUMN 04**
> 今っぽい? 古臭い? タイトルの型にも流行がある ──── 134

第5章 記事を投稿する直前までこだわろう! タイトルの推敲チェックポイント

| 5-1 | タイトルと本文の内容は合っているか? ──── 138
| 5-2 | 漢字:ひらがな=3:7の割合になっているか? ──── 140
| 5-3 | 「ぜいにく言葉」が邪魔していないか? ──── 142
| 5-4 | 同じ言葉が2回以上使われていないか? ──── 145
| 5-5 | ありきたりな表現が濫用されていないか? ──── 147
| 5-6 | 「キーワード」は入っているか?(超基本的なSEO対策) ── 150
| 5-7 | 人の心を傷つけていないか? ──── 152
| 5-8 | もっと魅力的な言い換え・類語はないか? ──── 155

第5章 まとめ ──── 158

> **COLUMN 05**
> AIはバズるタイトルを生み出す最強のパートナー ──── 159

おわりに
　タイトルに「力」があれば、
　無名でもテレビに取り上げられる ──── 162

付録　【最新】タイトルとの相性抜群! バズるワード140 ──── 165

※本書にあるタイトルの文字数は、次のルールに沿ってカウントしています。
・数字は桁1文字を1字分とする(例:10→2文字)
・「!」「?」「!?」は1字とカウントする
・「!」「?」などの記号と次の文字の間にあるスペースは1字に数えない
※本書の第5章でChatGPTが導き出したタイトルを紹介していますが、これは、執筆当時の入力結果になります。

基礎編

第 1 章

ウェブ記事は 「タイトル」で命運が決まる

この章では、タイトル作成のスキルを磨くメリットを紹介します。もっとも大きなメリットは、記事をたくさんの人に読んでもらえるということです。さらに、書く力だけにとどまらず、話し方・伝え方のスキルや、要約力もアップします。「タイトルなんて適当でいいんじゃない?」と思っている人も、この章を読むことで、至高のタイトルを作るためのモチベーションがかなり上昇するでしょう。

Super Title Encyclopedia | 1-1 |

【閲覧数UP】タイトルを磨くだけで読み手の注目度は100倍になる

　ウェブの世界は、「タイトルが命」。タイトルのつけ方が悪ければ、記事をスルーされてしまいます。逆に、中身が悪くても、タイトルが良ければ読者の注意を引くことができます。**魅力的なタイトルには、読者の関心を大いに引きつけるパワーがあるのです。**

　あなたは、普段どんなことを考えていますか。「今日行ったレストランを友達に薦めたい」「もっとこうすれば社会が良くなるはずだ」など、さまざまな思いがあると思います。

　こうした考えを、ウェブを通じてたくさんの人に伝えるチャンスは、以前と比べて数万倍にも増えました。知名度に関係なく、自分の思いを日本中だけではなく、世界中に伝えることができるのです。

　しかし、ブログにいくら熱い思いを綴ったとしても、タイトルが平凡だと、クリックさえしてもらえません。裏を返せば、**タイトルが魅力的だと、クリックされる確率が高くなり、多くの人に読んでもらえる可能性が一気に広がる**ということです。

安心してください。良いタイトルを生み出すのに、センスは必要ありません。本書で紹介する**簡単なテクニックを守れば、文章のセンスがない人でも、良いタイトルを作ることができます。**

「はじめに」でも少し触れましたが、連日、数多くの記事がウェブ上で発表されています。とくに多くの人に読まれているYahoo!ニュースでは、1日に5000本を超える記事が発信されています。そんな情報の海の中で、あなたの記事は読者に見つけられて、読まれる必要があります。その足掛かりとなるのが、タイトルなのです。

Super Title Encyclopedia | 1-2 |

【知名度UP】魅力的なタイトルはフォロワーを一気に爆増させる

　読み手がハッとするタイトルを生み出せるようになると、あなたの知名度は上がり、ファンも増えます。

　魅力的なタイトルに引き寄せられた人が記事を読み、その内容に共感したり、感動したりして、あなたに好感を持ちます。「この記事おもしろいな」「書いた人のことをもっと知りたい」と思い、プロフィールを閲覧します。あなたをフォローしたり、サイトをブックマークしたりして、次の記事を待ちわびるようになるでしょう。「この記事を友達にも読んでほしい」という思いから、SNSで拡散することもあるはずです。

　ウェブであなたの書いた記事がどんどん拡散されると、あなたはどんどん有名になり、たくさんのファン、フォロワーを抱える人気の書き手となります。

　これも、タイトルで一人目の読者を引きつけたおかげです。まさしくゼロがイチになる瞬間です。**良いタイトルをつけることが、あなたのファンを増やすきっかけとなるのです**。多くの人に注目されれば、応援する人が増え、あなたの夢を叶えることができるでしょう。

Super Title Encyclopedia　｜　1-3

【収入UP】タイトル作成力がある人は仕事が一生途切れない

　良いタイトルをつけると、たくさんの人があなたの記事を読んでくれるようになります。その記事でお金を稼ぐことも可能になるでしょう。

　その手法とはたとえば、広告収入やアフィリエイトです。これは、ブログ記事に広告を掲載し、その広告をクリックした人数や表示回数に応じて報酬を得る方法です。

　多くの人が記事を読むたびに、報酬をもらえる確率は上がっていきます。人を引きつけるタイトルを作成する力があれば、確実に記事をクリックしてもらえる可能性が高くなり、アドバンテージとなるわけです。

　最近では、書いたブログ記事を販売することができる機会も増えてきました。

　ブログサービスの「note」では、記事を好きな金額で販売することができます。業界の人だけが知るレアな情報や、自分が丹精込めて作り上げた小説など、本当に価値があると思った記事に値段をつけて売ることができます。

　ブログといっても、ライバル記事の数は膨大です。光るタイトルをつけて、読者にアプローチする必要があります。

　さらに、ウェブライターとして活躍する道も拓(ひら)けます。

具体的には、メディアやウェブ制作会社などから依頼を受けて記事を書き、原稿料をもらって稼ぐ方法です。空き時間に気軽にお金を稼げるので、人気の副業となっています。

記事の内容は、ニュース、エンタメ、ビジネス、ライフスタイルなど、幅広いジャンルが存在するため、自分の得意分野で記事を書いて、報酬を得ることもできます。

ライターには、執筆はもちろん、記事のアイデアを考えたり、タイトルをつけたりするスキルも求められます。依頼主の編集者から、「どんな記事を書きたいか、企画を出してほしい」という要望を受ける場合も多くあります。
編集者は、タイトルを見てバズリそうな企画からGOサインを出します。タイトルがつまらないと、それだけでその企画はゴミ箱行きになることもあります。一方、タイトルで編集者の心をキャッチできれば、企画の中身に関心が寄せられ、採用される道が大きく拓かれるのです。

記事のタイトルは通常、編集者が考えるのが一般的です。ただし、ライターから提案されたタイトルが魅力的であればそのまま使えるため、編集者にとっては時短につながります。

そのため、タイトルを考えるのが上手なライターは「ありがたい存在」として、編集者から重宝されます。**タイトルづけが上手なだけで、仕事を得るチャンスも仕事の幅も、大きく広がる**のです。

Super Title Encyclopedia | 1-4

【伝える力UP】タイトルを考え続けると「わかりやすく伝える力」が身につく

「あなたの話はわかりにくい」「ちょっと何言ってるかわからない」と言われた経験はありませんか？
　話がわかりにくい人は、頭の中で情報の取捨選択がうまくできておらず、情報を洪水のように口から出し続ける傾向にあります。しかも、話しながら何を言っているかわからない状態にあったりもするので、困ったものです。相手を洪水で溺れさせたり、困惑させたりしてはいけません。

　一方、話し方が上手な人は、頭の中の情報をうまく整理しながら話します。**話すべきことの順序がわかっているので、意図が伝わりやすくなります。**

「言いたいことを的確に伝える」という意味では、タイトルづけも同じです。

　タイトルに使用できる文字数は、サイトによって決められています（55ページ参照）。そのため、限られた文字数に、アピールしたいポイントを絞り込む技術が求められます。実はこの工程こそ、書き手の腕の見せどころ。余計な情報を省き、本当に魅力的なポイントを取捨選択して要約することで、伝えたい点をズバッと強調します。

さらに、限られた文字数の中で、魅力的な表現方法や言葉を探すことも求められます。
　たとえば「楽しい」という感情を伝えるために、ストレートに「楽しい」と書くのか、「時間が一瞬で過ぎた」と書くのかで、相手に対する伝わり方も大きく異なります。

　タイトルを考えるトレーニングを積むことで、情報を端的にまとめる要約力はもちろん、人にわかりやすく伝えるスキルも驚くほど育っていきます。

　さらに**タイトルを考えることを習慣化することで、書く力のほかに、日々の会話力やプレゼンテーション力もレベルアップする**のです。

Super Title Encyclopedia | 1-5

【コミュ力UP】タイトル作りがうまくなると人間関係のトラブルが減る

タイトルを考えるときに大切なのは、読者がどのようなニーズや興味を持っているかを想像することです。求められることを提供してはじめて、相手の心は動きます。いわば、弓矢と的のようなものです。相手の「ニーズ」という的に、「言葉」の弓矢でズバンと射抜きます。

それは日常会話においても同じです。
タイトルづけが上手になると、会話においても相手のリアクションを予想しながら話すことができます。つまり、**コミュニケーション能力が磨かれるのです。**心のうちを読んで相手を喜ばせることも、楽にできるようになります。

タイトルを考えるうえで、言葉の選び方はとても重要です。相手のハートに響く言葉を選ぶようにすれば、「おもしろい」「もっとこの人の話を聞きたい」と思われるようになります。

逆に、「この言葉を使えば、きっと相手は怒るだろう」などとネガティブな予測も立てられるので、人間関係のトラブルも回避できます。これらは、コミュニケーションにおいてとても大切なことなのです。

タイトルは、読者とのコミュニケーションツールです。声は聞こえませんが、テキストを通じて意思疎通を図るところに特徴があります。

　タイトルづけが習慣になると、ウェブはもちろん、リアルな場でも、相手を喜ばせる表現が自然に身につきます。メールやチャットなど、テキストでのコミュニケーション力も上がって人間関係がより良いものになり、ハッピーな人生を送ることができます。

　タイトルづけで、あなたのコミュニケーション能力をもっと高めていきましょう。

Super Title Encyclopedia | 1-6

【効率UP】ウェブ上の質の良い記事を一瞬で見極める力が身につく

　タイトルを極めることで、読解力を高めることもできます。なぜなら、ウェブで記事を読むとき、書き手の気持ちを想像できるようになるからです。「どういう意図でこのタイトルがつけられたのか」を察知することができます。

　タイトルを読んだだけで、なんとなく内容を予測することも可能となります。まるで超能力者のようですね。**自分が探している情報にピッタリな記事を、タイトルだけで嗅ぎ分けられるようになるのです**。スピーディに記事の本質をつかめるため、情報収集の効率アップにつながります。
　ウェブ記事の中には、タイトルだけ立派で、中身は大したことのない記事もあるでしょう。「なんだこのタイトル、インチキじゃないか！」と感じさせる、いわゆる「釣り記事」も、タイトルだけで見抜くことができるようになります。ハズレ記事に時間を費やすこともなくなるでしょう。

　タイトルを極めることで、情報を見る目が養われ、情報リテラシーを向上させることもできます。**有象無象のウェブ記事の海から、良質な情報に短時間でたどり着くことが可能となるのです**。すると、仕事の効率化につながり、生産性も間違いなくアップします。

第1章　まとめ

1-1　【閲覧数UP】魅力的なタイトルにすることで、読み手の注目は100倍高まる

1-2　【知名度UP】タイトルのつけ方がうまいと、知名度もファンも激増する

1-3　【収入UP】タイトルを作成する力があると、仕事を得るチャンスが大きく広がる

1-4　【伝える力UP】タイトルを考え続けると「わかりやすく伝える力」が身につく

1-5　【コミュ力UP】タイトル作りがうまくなると、会話が弾むようになる

1-6　【効率UP】数多くの記事の中から「質の良い記事」を一瞬で見極める力が身につく

COLUMN 01

「役に立った」という圧倒的手応えが
モチベーションにつながる

タイトルを磨くと、書いた記事がより多くの人の目に留まるようになります。「役に立った」「もっと読みたい」など、うれしい感想をもらうことも増えるでしょう。私も意外な人から「あなたの記事に救われました」とコメントをもらい、うれしく感じた経験があります。「あぁ、記事を書いて良かったな」と思える瞬間です。

SNSが登場してから、記事の感想を気軽に投稿できるようになりました。ウェブ上のコメントを通して反響を知ることができるので、「あの記事はこんなふうに役に立ったんだな」と実感でき、感動する機会も多いでしょう。

一方で、記事を読まれなければ当然、反響はありません。ポチッと公開ボタンを押して終わりです。「いいね」やコメントの通知音も鳴らず、静寂の中で泣きたくなることも。その差は歴然としています。

筆者が以前書いた記事も、評価が二つに分かれました。
次の二つは、実際にプレジデントオンラインに投稿した記事のタイトルです。どちらの記事が、反響が多かったと思いますか？

タイトル例
1 【朗報】「満員電車ゼロは実現しない」というのは間違いだ
2 新幹線が5000円以上安くなる「きっぷ」の裏ワザ

「おっ」と瞬時に心が動いたのは、2のほうではないでしょうか。その通りです。2はたくさんの人に読まれ、閲覧ランキング1位になりました（2019年9月30日当時）。

　勝因は、タイトルの内容がストレートで、どんな人にもわかりやすく伝わったこと。「お得ネタ」という、ウェブでウケる鉄板テーマであることもポイントになります。

　1のタイトルは、少しわかりやすさに欠けますね。一度見て、「え、どういうこと？」となり、読み返して「あ、なるほど。そういうこと？」と思った人も多いでしょう。
　読者に考えさせるタイトルは、うまくハートに刺さりません。**タイトルは、一度見ただけで読者が理解することができる、ストレートなものが理想です。**

　魅力的なタイトルだと、たくさんの人が読んでくれます。「夏休みの旅行の参考になった」などの感想が届くこともしばしば。「誰かの夏休みを素敵に演出できたんだな」と、胸が熱くなる瞬間です。

　ウェブの記事は削除されない限り、未来永劫ネット上に残り続けます。数年前に書かれた記事でも、簡単にアクセスすることができます。数年を経て、読者が記事を読み、「ありがとう」というメッセージが届くこともあるのです。その感動が、次の執筆も頑張ろうというモチベーションにつながります。あなたもぜひこの喜びを実感してください。

基礎編

第 2 章

「結局、何を書けばいいの?」タイトルを作る前に必要な4つの下準備

この章では、バズるタイトルを作るために必要な下準備を紹介します。
タイトルの型を知る、読者が食いつく言葉を使うことはもちろん重要ですが、書く前に絶対に行ってほしいことがあります。それは、「テーマ選び」と「読者のターゲット設定」です。この2つは人の目に触れられない地味な作業ですが、バズる記事を量産しているライターは、みんな大切にしています。この章で紹介することを意識するだけで、記事が驚くほど多くの人の目に留まるようになります。

Super Title Encyclopedia　｜　2-1

「旬なテーマ」を選ぶだけで
PV数が一気にはね上がる

　流行の話題（トピック）は、多くの人の関心を集め、PV数を上げるのに不可欠な要素です。**タイトルに旬なキーワードを入れるだけで読者の関心度はグッと上がり、PVが10倍にも100倍にもはね上がります。**

　目を引くタイトルをつけるためには、「記事で何を書くか」、つまりテーマ選びがカギを握ります。いくらタイトルが秀逸でも、記事のテーマが読者のアンテナに引っかからなければ、クリックしてもらうことすら叶わないからです。

　まずは新しいトピックやトレンドに敏感になりましょう。旬な話題をチェックして、自分の記事やタイトルにもその要素を入れることができるかどうかを検討してみてください。書きたい記事と関連のあるワードがトレンド入りしたら、躊躇なく取り入れましょう。それが、バズる記事を作るための第一歩です。

　トレンドを調べる方法はいくつかありますが、一つが「最近よく見るキーワード」をチェックするやり方です。3つ以上のメディアが扱っているキーワードは、もう「トレンド」とみなして問題ないでしょう。キーワードの調べ方については、ほかにも次のような方法があります。

1 「X (旧Twitter)」で"今"流行っていることを調べる

「今」この瞬間に流行っていることをタイトルに入れると、多くの人が反応を示します。X (旧Twitter) の**「話題を検索」**を見たことはあるでしょうか。ここで多くの人が今まさにつぶやいているトレンドワードを見ることができます。ニュースからバズっている投稿に由来するものまで、さまざまなジャンルの言葉を知ることができる優れモノです。

Xのトレンドを効率良くつかむために、私は**「Yahoo! リアルタイム検索」**を日常的に使用しています。Xでバズっているトレンドを一気に見ることができる、私が心から愛するアプリです（詳しくは前著『超ライティング大全』27ページ参照）。ランキング形式で効率的に情報収集ができるため、朝から晩まで、四六時中眺めています（眺めていて飽きません）。

ここに載っている言葉をあなたの記事のタイトルに生かせないか、検討してみましょう。キーワードを見て、「こんな記事を書けるかも」と考えるのも有効なトレーニングです。

ただし、流行は生モノ。足が速いです。今この瞬間に流行っても、明日にはオワコンとなることもあります。**Xのトレンドワードは、短くてその日のうち、長くて2～3日で賞味期限が切れるものだと考えてください。**

記事を書くならスピード勝負。その日のうちに書いて投稿するのがポイントです。

2 流行語大賞、フォロワー数の多い人のSNSをチェックする

　数か月〜数年にわたって流行している言葉をタイトルに入れるのも効果的です。新しく試したヒット商品や、「最近よく聞くな」と感じるニュースやキーワードはありませんか。それらをタイトルに入れることで、多くの人が「おっ」と反応するはずです。

　毎年発表される流行語大賞もこれに当てはまります。
　たとえば女子中高生の流行を知る方法として、**「JC・JK流行語大賞」**があります（上半期・年間大賞の年2回発表）。2023年の年間大賞（コトバ部門）には「ひき肉です」「ヒス構文」「なぁぜなぁぜ」などがランクインしました。
　ここで選出された言葉は、ユーキャン新語・流行語大賞にランクインしたり、その後流行したりすることも多いです。

　また2023年のユーキャン新語・流行語大賞の年間大賞は「アレ(A.R.E.)」。トップテンに選ばれた言葉には「生成AI」「蛙化現象」「ペッパーミル・パフォーマンス」などがありました。「ちょっと古いな」と、この本が出版されている頃には多くの人が思うかもしれません。こうした流行語の賞味期限も、半年〜数年と想定しておくことをおすすめします。

　ヒット商品やキーワードをチェックする方法として、SNSのフォロワーが10万〜100万人規模を誇る人のアカウントをチェックするのも良いでしょう。

インフルエンサーはいわば、流行の発信地。その人がきっかけとなり、これから流行る話題をキャッチできるからです。

③ 新聞、ニュース、雑誌の表紙をチェックする

数か月〜数年にわたって流行している言葉を知るのも大切です。日経新聞のコラム欄をチェックしたり、朝・昼・夜の民放ニュース番組のトレンドを紹介するコーナーを見たりして、世間の流れについていきましょう。

書店に行ったときに、雑誌の表紙をチェックするのもおすすめです。週刊誌は毎週新しいものが出るので、話題の移り変わりがよくわかります。ニュース系であれば「週刊現代」「週刊ポスト」「女性セブン」など、経済誌であれば「週刊東洋経済」「週刊ダイヤモンド」。月刊誌なら、よりトレンドが深掘りされているでしょう。モノ系であれば「日経トレンディ」「MONOQLO」などもおすすめです。

ほかにも、女性向けやシニア向けのものなど、ターゲットに合った雑誌の表紙をチェックしておくと、いざというときに役立ちます（次ページの一覧表参照）。

ｄマガジン、楽天マガジンなどをはじめ、今ではウェブのサブスクリプションで気軽に雑誌を読むことができます。500誌以上もの雑誌が月400〜2000円程度で読めるため、表紙の文字を見るだけでも参考になります。

> **ターゲット別　雑誌の一例**

- 流行に敏感な20〜30代の女性
    → 「an・an（アンアン）」「CLASSY（クラッシィ）」
- ファッションに敏感な20〜30代の男性
    → 「メンズノンノ」「smart（スマート）」
- 美容に敏感な20〜30代の女性
    → 「MAQUIA（マキア）」「美的」
- 20〜30代の一般男性
    → 「週刊SPA（スパ）!」「週刊プレイボーイ」
- 子育て中の30〜40代の女性
    → 「VERY（ヴェリィ）」「美ST（ビスト）」「LEE（リー）」
- 流行に敏感な働く30〜40代の女性
    → 「InRed（インレッド）」「Marisol（マリソル）」
- 時間に追われている40〜50代の主婦
    → 「レタスクラブ」「LDK（エル・ディー・ケー）」
- ファッションに敏感な40〜50代の男性
    → 「Safari（サファリ）」「LEON（レオン）」「MEN'S EX（メンズエグゼクティブ）」

　表紙といえば、2023年中頃に、いろんなメディアが「ChatGPT」について取り上げていました。**複数の雑誌の表紙に同じキーワードが載っていれば、「流行している」と判断して間違いありません**（ちなみに、2024年春頃に同じChatGPTの特集をした雑誌がありましたが、そこまで売れなかったようです。つまりテーマには旬があるということ。その瞬間を逃すべからず、です）。

　2023年後半からは複数のメディアがこぞって、ある流行

キーワードの特集を組んでいました。それは、ズバリ「新NISA」です。新NISAとは、安定的な資産形成を目的に始まった新しい投資非課税制度のことです。あなたも耳にしたことがあるかもしれませんね。

「新NISA」は多くの人々が興味を持つ話題となり、ネットではいろんなサイトがこぞって紹介しました。書店に並んでいる雑誌の表紙も、「新NISA」で埋め尽くされました。普段このようなテーマを扱わない女性ファッション誌でも、「将来のために」と特集を組んだほどです。

「新」といえば、ここ数年、タイトルに「シン」を使う例もたくさん見受けられます。この「シン」は、2016年公開のヒット映画『シン・ゴジラ』から来ているものです。

　こうしたヒット作品の印象的な言葉は、タイトルでも拝借することができます。『シン・ゴジラ』の「シン」には、「新」「真」「神」「震」などさまざまな意味が込められているそうです。「シン」はどんな言葉にもマッチし、現代的な、スペシャルな印象を与える汎用性の高い言葉になりました。メディアでの使用例を挙げます。

タイトル例

【シン覆面座談会】春ドラマ　日テレVSフジの"水10戦争"が熱い　　　　　　　　　　　　　　　　　　　［スポニチアネックス］

職場で「お前」呼びはパワハラか？—職場での呼び方の注意点を社会保険労務士が解説【シン・会社のマナー】
　　　　　　　　　　　　　　　　　　　　　　　［サライ.jp］

4 季節のイベントを調べる

「季節」も一つのトレンドです。誰にでもめぐりくる季節は、どんな人にも刺さるオールラウンダー的存在といえます。**タイトルに季節感を取り入れると、簡単にトレンド感を演出することが可能です。**

たとえば、地球温暖化で年々気温が上がる日本の夏は、ネットで毎年話題に上ります。夏を乗り切るための「快適に過ごす方法」はもちろん、「熱帯夜」「ゲリラ豪雨」など、夏ならではのキーワードで記事を作ってみましょう。

入学式や夏休みなど、季節のイベントを記事にするのもおすすめです。その場合、**投稿するタイミングは少し早めを意識してください**。たとえば4月の入学式の記事を出す場合、4月になってから書くのでは遅いです。3月初旬〜中旬頃には記事をアップして、読者がそれを読んで入学式に向けた準備ができるくらいがちょうどいいでしょう。

また、近年流行しているのが**「今日は○○の日」**という記念日ネタです。語呂合わせである「10月2日は豆腐の日」や、鉄道開通を記念した「10月14日は鉄道の日」など、365日さまざまな記念日が設定されています。こうしたトリビアは読者を「へぇ〜」と唸らせるほか、会話のネタになり、喜ばれます。これもPV数を上げるための一つの秘策です。

トレンドは、今この瞬間にも生まれています。旬な話題やキーワードを記事に盛り込み、タイトルに生かす方法を気軽に考えてみましょう。実現できるかどうかの前に、ゲーム感覚で楽しく行うのがポイントです。

Super Title Encyclopedia | 2-2

【最新版】クリック率が簡単に爆上がりする記事のテーマ10選

　バズるためには、テーマ選びも大切です。バズりやすい定番のテーマとしては、格安・お得情報、懐かし情報、まとめ情報、ランキング記事などが挙げられます（詳しくは前著『超ライティング大全』第1章を参照）。

　さらにバズりやすいのは、「共感」を呼ぶ内容です。自分が密かに思っていたことをタイトルで見つけて「よくぞ言ってくれた！」と、思わずクリックした経験はありませんか？　**タイトルは「共感力」がものを言います。** 読者の気持ちや立場に共感したり、寄り添ったりするようなタイトルをつけると、クリック率がグンと高まります。
　共感を得やすいテーマの例を5つ紹介しましょう。

1 感情を代弁する話題

　喜び、悲しみ、怒り、驚きなど、感情にまつわる話題は共感を呼びやすいです。 タイトルで読者の気持ちを代弁すると、「わかる！」とうなずきながらクリックをしてくれます。

タイトル例
「これはヒドイ」「もう無理！」度重なる値上げラッシュにSNSで怒りの声

2 リアルな人間関係

人間関係や恋愛、友情、家族関係における感情に関しても、多くの人が共感します。近年、**上司・部下や先輩・後輩の関係を扱う記事の人気が高まっています。**

タイトル例

中間管理職はツラいよ……暴走する上司・部下をうまく操る3つの心理術

3 困難な状況からの逆転劇

困難な状況や逆境に立たされた人のストーリーや挑戦は、感動を呼び、読み手が共感しやすいです。**人が頑張っている姿や努力する姿を描いた記事には、読者の心を動かす力があります。**

タイトル例

「もう終わりだ」倒産寸前から大復活! とある社長の一発逆転ストーリー

4 身近にある社会問題

社会的な問題や不平等に対する取り組み、人権、環境保護などのテーマに対しても、人は共感を示します。とりわけ**正義感を刺激するようなタイトルは、アクセスを集めやすい**です。

タイトル例

絶対に許さない！「電車内での迷惑行為ランキング」ワースト5

5 動物や自然美による癒し

動物の愛らしさや自然の美しさは、「癒される」と人気を呼ぶテーマの一つです。とくに、**ペットに関する記事は一定の人気があります。**必ず写真や動画を載せましょう。

タイトル例

かわいすぎて悶絶！ ご主人様を出迎える「おかえりワンコ」にほっこり

バズりやすいテーマは、ほかにもあります。あなたの経験から書けそうな記事はありませんか。アイデアを一挙に紹介します。

6 旬な人物×自分の好きなテーマとの掛け合わせ

最近よく聞く**「話題の人物」は、バズりやすいテーマの一つ**です。さまざまな分野で注目を集め、社会や文化に大きな影響を与える人について書いてみましょう。

ここ数年、もっとも話題に上っている人物といえば、メジャーリーガーの大谷翔平選手でしょう。2023年3月に開催されたWBC（ワールド・ベースボール・クラシック）や、

同年11月の2回目のMVP選出、12月のドジャースとの移籍契約まで、さまざまな話題を提供してくれました。2024年に入ってもいろんな話題を振り撒いてくれる、スーパースターです。

　このヒットキーワードである「大谷翔平」に絡めた記事をどうにか作れないか、あなたも考えてみましょう。「自分は野球に詳しくないから記事が書けない」とあきらめるのはまだ早いです。あなたの執筆ジャンルと「大谷翔平」を、自由な発想で掛け合わせてみましょう。
　次に一例を挙げます。

ビジネス系記事のタイトル例

大谷翔平に学ぶ「100億円を稼ぐ男の生活習慣」を29歳フリーターが実践してみた

恋愛系記事のタイトル例

丸の内OL103人に聞く！ なぜ「大谷翔平」はモテるのか？

子育て系記事のタイトル例

わが子を「第2の大谷翔平」にする！ 管理栄養士が必勝朝食メニューを伝授

　このように話題のキーワードとあなたの執筆テーマを掛け合わせて、アイデアを最大限に膨らませていきましょう。

7 「ゾッ」とするような出来事に触れる

59〜60ページでも少し触れますが、人々が恐怖を覚える対象や嫌悪感を覚える話題は、なぜかPVが集まりやすく、よく読まれる傾向にあります。**不可解な事件や奇妙な出来事は、人々の好奇心を刺激するため、話題に上りやすい**のです。

たとえば、2020年は「新型コロナ」という単語が爆発的に流行りました。恐怖や驚きを共有することで、ネットユーザーたちにある種の結束力も生まれたものです。

2023年には「クマ」の記事が流行しました。住宅地にクマが出没するケースが相次ぎ、読者の恐怖心と好奇心が絡み合い、数多くのPVを獲得しています。

次の2つは、当時話題となったタイトルの一例です。

タイトル例

「世界一悲惨」なヒグマと3時間に及ぶ「戦慄の闘い」で片目を奪われた男の壮絶な結末 ──── [現代ビジネス]

「振り上げた前足の爪で脳天を引っかかれた…」列島を襲う"ニュータイプ熊"アーバンベアの恐怖《絶滅したはずの伊豆、ついに都内にも出現》──── [文春オンライン]

上記の大手メディアのような本格的な内容でなくても、あなたが生活していて「ゾッ」とした経験を書いてみましょう。読者の怖いもの見たさで、思いもよらないバズリが生まれるはずです。

⑧「こんな人いるの?」ヤバい人を報告する

　ときには想像もできない人々や出来事が、私たちの周りで発生することがあります。街で見かけたおかしな人を扱う記事は、読んだ人の「こんな人本当にいるの?」という読後感が刺激になり、PVを稼ぎ出す傾向があります。

　2018年頃から人気が高まっているのが、**「公共の場にこんな人がいた」「理不尽なクレーマーがいた」という2つのテーマ**。ニュースになるほどではなくても、ちょっとした街の事件簿で、思わず「うそでしょ?」と言いたくなるような話題です。これはSNSで大きく広く拡散され、日々バズっているのです。**タイトルでは状況を端的に伝えて、読者の好奇心を煽るのがポイントです。**
　次の2つは、話題となったタイトルの一例です。

タイトル例

電車で目ヤニをポロポロ落とす→注意され両者ブチギレ　落語家が目撃した衝撃トラブル「私は嫌だなと思う」
——————————— [J-CASTニュース]

土下座を強要、3時間以上拘束、海に沈めてやると恫喝…「モンスタークレーマー」意外な正体 —[ザ・ゴールド・オンライン]

　ただし、こうした記事は登場人物のプライバシーに配慮することも大切です。「ヤバい人」とされる人物が特定されないよう、配慮して記事を作りましょう。

男女に関する修羅場もの

女性向けサイトでは、恋愛、メイク、子育てなどのハウツーよりも、最近ではドロドロした修羅場もの（不倫・浮気・嫁姑など）が増加する傾向にあります。 パートナーの不倫相手と対決したり、壮絶な嫁いびりを報告したりするなどの過激な内容が多いですが、「こんなことあるの？」という刺激が中毒性を読者に与えるのです。

かつては過激な内容を漫画にしたレディースコミックがコンビニに多く置かれていましたが、それがネット版として生まれ変わっているのでしょうか。**女性はちょっとブラックな出来事をのぞき見したい気持ちがあるもの。** どの時代も需要のある裏ジャンルの一つです。

次の2つは、話題となったタイトルの一例です。

タイトル例

妻が余裕と貫禄を見せつける！ 夫の不倫相手との直接対決エピ4選 ── [ライブドアニュース]
《姑に連れられ、山菜採りへ》→そのまま"山に放置"された嫁【遭難して命の危機に！】── [ファッション・トレンド・ニュース]

30代以上の大人の女性は、こうした男女関係の刺激的な記事が大好物。何を隠そう、筆者もそうです。ついつい「こんなドロドロな関係！」と、中毒性のある記事にハマって次々に読んでしまいます（笑）。

10 「あなたはコレわかる?」読者に挑むクイズ記事

　クイズ形式の記事もトレンドの一つです。たとえば、記事のトップ画像にちょっと難解な漢字が書かれ、タイトルに「これ、なんて読む?」と書かれている記事。これらは、ついチャレンジしたくなる読者の心をつかんでいます。

　クイズ記事にはさまざまなバリエーションが生まれています。「この駅、なんて読む?」などの難読地名系、「この言葉の意味は?」などのボキャブラリー系、「正しいのはどっち?」などの一般常識系、「英語で何という?」などの外国語系などが該当します。空き時間にサクッと楽しめるため、隙間時間で勉強をしたい読者に好評です。

　クイズ記事は、2020年前後にもっとも多く公開され、ジャンルを問わずいろんなサイトがクイズ記事を作成していました。現在は一時期ほど多くはありませんが、読者の興味を引くジャンルの一つだと言えます。話題となったタイトルの一例を紹介しましょう。

タイトル例

【舟楫】はなんて読む? 船で運ぶことを表す漢字 —— *[Ray]*
「偽善者」とは? 正しい意味や似た言葉、対義語、英語表現を例文で紹介 ———————————— *[Domani]*

　自分が何を書けばいいかよくわからないという人は、まずはここで紹介したようなテーマの記事や、似たタイトル

を考えてみるのも一つの方法です。
　初心者の方は、まずは⑥の「旬な人物×自分の好きなテーマとの掛け合わせ」からチャレンジしてみましょう。

Super Title Encyclopedia | 2-3 |

読者の「好み」と「悩み」を徹底的に研究しよう

　何を書くかを決めたら、書き始める前に行ってほしいことがあります。それは、**読者ターゲットをしっかり設定すること**です。

　あなたは今書こうとしていることを、どんな人に届けたいですか。その読者像がはっきりと浮かび上がっているでしょうか。**クリックされるタイトルを作るためには、読みたい人を思い浮かべることが必要不可欠です。**この工程を飛ばしてバズるタイトルを作ることは、考えられません。

　具体的には、**書き始める前に、読者ターゲットの性別、年齢、職業、年収、性格、住居などを事細かに設定します。**「独身女性向け」などとふんわり考えている人も多いですが、それだけでは足りません。さらに深く、その人物像を磨き上げていきます。

　たとえば属性を意識して、「関西の銀行で働く30歳の独身女性で、陽気な性格」とするなど、これくらい細かく考えるのが理想的です。属性を具体的にすると、タイトルを考えるとき、読者がすぐ隣にいるような気持ちになります。**相手の心に寄り添うことで、その人のハートを捉える**

矢の鋭さに磨きがかかるのです。

　属性に加えて、読者ターゲットの設定においてさらに大事な要素が2つあります。

　1つ目は、**読者の「好きなもの・こと」**です。
　料理や食べ物が好き、ゲームが好き、旅行が好き、アニメが好き、最新ガジェットが好き、ファッションが好きなど、人の好みには色々あると思います。読者ターゲットの好みに刺さるタイトルをつけるのが成功への近道です。表現を磨くために、読者が好みそうな言葉やフレーズをリストアップしておきましょう。**「刺さる言葉」をたくさん持っている人ほど、バズる確率は高まっていきます。**

　2つ目の大切な要素は、**読者の「悩み」**です。
　人がウェブ記事を読む動機の一つは、内に秘めた悩みを解決したいと思うためです。**タイトルを見て悩み解決のにおいがすると、すぐにクリックしたくなるのです。**

　悩みは、人間関係、健康、家庭や育児、キャリアやお金に関わることなど、多岐にわたります。読者ターゲットがどのような問題に直面しているのかということを、ぐっと目を閉じてその人になりきって、しっかり想像しましょう。どんな情報を欲しているのかが予想できるはずです。このように、読者のニーズをしっかり研究することが大切です。

たとえば「おすすめのビジネス書」について書く場合、読者ターゲットはどのように設定すればいいでしょうか。

「新入社員の男性」、これだけでは足りません。「新入社員の男性（22歳）、前向きな性格で勉強が好き。上司から常識に欠けていると言われることが多く、何が常識なのかがわからず悩んでいる人」と、ここまでしっかり考えて、メモ帳などにリストアップするのがベターです。

この読者ターゲットを想定した場合、次のようなタイトルが考えられます。

タイトル例

新入社員必見！ 読むだけで「社会の常識」が身につく初心者向けビジネス書BEST10

別の読者ターゲットも考えてみましょう。「仕事が好きな管理職の男性（48歳）で、海外の情報に疎いのが悩み。世界基準の知識を身につけて一歩前進したい」。この場合、どんなタイトルが思い浮かぶでしょうか。

たとえば、次のようなタイトルが想定されます。

タイトル例

これが最強の仕事術！ 世界基準のマネジメントが学べる「一流のビジネス書」10選

いかがでしょうか。読者ターゲットによって、タイトル選びがまったく異なることを理解してもらえたかと思います。

読者層を細かく設定し、何を求めているのかを把握すると、言葉選びが変わります。どんな言葉をタイトルに使えば気を引けるかが、手に取るようにわかるのです。同じテーマを扱う記事でも、読者ターゲットの違いによって、タイトルの表現も大きく変わってきます。

　読者ターゲットは細かく絞り込むように言いましたが、「そんなに狭く絞ってしまっては、それ以外の読者を取りこぼしてしまわないか」と心配する人もいると思います。安心してください。想定された読者層と異なる人でも、記事を読むことは多々あります。

　みなさんにも経験があるのではないでしょうか。「個性的なタイトルを見てクリックすると、女性向けの記事だった。でも楽しめた」「妙に気になるタイトルの記事をクリックすると実は高校生向けだった。でも勉強になった」などの感想を抱いたことが。

　ターゲットは違っても、世代や性別を超えて興味・関心を引くことができます。ですから、安心してターゲットを絞り込む作業をしてみてください。**人物像を頭にしっかりと描き、その人だけに向けて、直接発信するような気持ちでタイトルをつけるのがポイントです。**

Super Title Encyclopedia　｜　2 - 4

タイトルが劇的に飛躍を遂げる「5W1Hの法則」とは?

　タイトルはいわば記事の"顔"です。見ただけでハートにズキュンとつき刺さり、「読んでみたい!」という気持ちを一瞬で起こさせる必要があります。そのためには、文字数や情報量もある程度欠かせません。
　たとえば、こんなタイトルはどうでしょうか。

タイトル例

おすすめの本

　あっさりしすぎて、読者にアプローチができていませんね。唐突すぎて「おすすめの本が書いてあるのはわかるけど……」と、その曖昧な状態に読者が戸惑ってしまいます。
短すぎるタイトルでは、読者の興味を引くことができません。適切な情報をタイトルに載せて、読者にアピールしていく必要があります。

　「そんなことを言われても、どんなタイトルで何をアピールすればいいのかわからない」という人は、**「5W1Hの法則」を使えば、記事の内容を整理することができます**。タイトルに使えそうな言葉が見つかる、おすすめの方法です。
「5W1H」とは、次ページのとおりです。

5W1H

- Who（誰が）
- What（何を）
- When（いつ）
- Where（どこで）
- Why（なぜ）
- How（どのように・どれくらい）

　この6つに該当する内容を書き出していきます。すべてを完璧に答える必要はありません。アンケートに答えるように、ささっとメモする程度でOK。該当するものがないときは、飛ばしても大丈夫です。30秒考えて出てこなければ、次に進みましょう。

　実際に、先ほどの味気ないタイトル「おすすめの本」を例にとって、5W1Hを埋めていきます。

Who（誰が）

　これは、記事の書き手や登場人物のことです。パッと思いつくものがなければ、「あなたはどんな人なのか」を文字にしてみましょう。この場合、たとえば「読書が好きな私」になるでしょうか。
　これだけでもわかりやすいのですが、さらに、読書好きを表す事実（数字など）がないかどうかを考えてみます。読書冊数を追加して、「週に5冊読む私」としてみましょう。

What（何を）

これは記事に何を書いているか、になります。ここでは、「最近いいなと思って、人に薦めたい本」としてみましょう。

When（いつ）

ここは具体的な日時や季節、期間などが該当します。この記事の場合、「ここ１年以内で」としてみます。

Where（どこで）

本のおすすめで「どこ」というのは、なかなか言及しづらいかもしれません。「古本屋で買った」「図書館にあった」などのざっくりした情報でも大丈夫です。

Why（なぜ）

「なぜその本をおすすめしたいのか」ということにフォーカスして情報を書き出してみましょう。今回は仮に「泣けるから」としてみます。

How（どのように・どれくらい）

数字で表現できればベターです。今回は紹介する本の冊数をメモしておきましょう。たとえば「10冊」などです。

以上の内容をまとめると、次のようになります。

5W1Hの例

- Who（誰が）　　　読書が好きで週に5冊読む私
- What（何を）　　 最近いいなと思って、人に薦めたい本
- When（いつ）　　 ここ1年以内
- Where（どこで）　古本屋で買った
- Why（なぜ）　　　泣けるから
- How（どのように・どれくらい）　10冊

ここからタイトルに使える言葉を拾っていきましょう。**選ぶときのポイントは、「数字」「読者のメリット」です**（こちらについては、第3章で詳しくお伝えします）。

まずは数字が入った項目をチェックします。「読書が好きで週に5冊読む私」「ここ1年以内」「10冊」が数字の入った情報です。「読者のメリット」は「泣ける」ですね。人の感情を呼び起こす、引きの強い言葉です。さあ、この言葉を使ってタイトルを考えてみましょう。

タイトル例

- 泣ける！ 古本屋で発掘した「おすすめの本」BEST10
- 週に本を5冊読む私が厳選した「泣ける本」10選

いかがでしょうか。読者の関心を引きそうなタイトルに大きく変わりましたね。5W1Hを意識して記事の中からキーワードを拾っていくことで、このように魅力的なタイトルに生まれ変わらせることができます。

第2章　まとめ

2-1 バズる記事を生み出す第一歩は「旬なテーマ」を選ぶこと

2-2 共感されやすいテーマを選ぶとクリック率が爆上がりする

2-3 「好み」と「悩み」が具体的であるほど読者のハートに刺さる

2-4 「5W1H」を意識するだけでタイトルが劇的に変わる

COLUMN 02

【最新トレンド】
タイトルの文字数は何文字が最適?

　競争の激しいニュースサイトでは、編集者たちがタイトル作りに全神経を集中させます。もちろん、少しでも多くの読者にクリックしてもらうためです。

　7ページでも触れたように、これまでタイトルは30文字前後が各社足並みを揃えた文字数でしたが、2023年頃、ある変化が起きました。極端に短くするサイトもあれば、100文字を超えるかなり長いタイトルをつけるサイトも現れたのです。一体何が起きているのでしょうか。

　ベテラン編集者たちは、長いタイトルも戦略の一つとして考えています。次に代表的な経済メディアを挙げ、タイトルの文字数を比較してみます（2024年6月17日時点）。
　ちなみに、初心者がここで紹介した長いタイトルをいきなり真似するのは、難易度が高すぎます。**タイトルづけに慣れていない方は無理をせず、まずは標準的な長さである21字前後でタイトルを磨く練習をしましょう。**

1　ショート型
東洋経済オンライン（東洋経済新報社）

　2024年6月現在、経済メディアの中でもっともタイトルの文字数が短いのが東洋経済オンラインです。**余分な内**

容をそぎ落とし、すべてのタイトルを23文字前後に揃え、端的に、瞬時に内容を伝える形をとっています。

　次に紹介するタイトルは、2024年6月17日のアクセスランキング上位に入った3つのタイトルです（以降ここで紹介するタイトルはすべて同日のもの）。東洋経済オンラインは、他のサイトと比べて文字数をきっちり揃えているという印象が強いです。同日TOP10にランクインした記事のタイトル文字数をカウントしたところ、平均は23.9文字でした。

タイトル例
- 世界の富裕層が注目「究極のポルシェ」日本へ(21文字)
- 「世界一即戦力な男」が浪人して東洋大目指した訳(23文字)
- 何km走り続けるのか「長距離無停車」特急トップ5(24文字)

　なお、サイトのトップページに載るのは、このメインのタイトルのみ。記事ページを表示すると、サブタイトルが現れます。サブタイトルも、20〜22文字に揃えています。

2　日経ビジネス電子版（日経BP）
ミドル型

　短すぎず、長すぎず、ウェブ記事における定番の長さに揃えているのは日経ビジネス電子版です。タイトルは32文字前後で、**固有名詞や数字を使い、具体性を伴うタイトルで読者を引きつけています。**

　次ページに、アクセスランキング上位に入った3つのメ

インタイトルを紹介します。

　同日TOP10に入った記事のタイトルに使われている文字数をカウントしたところ、平均32.4文字でした。なお、サブタイトルの設定はありません。

タイトル例

- 大和ハウス工業の68歳社員、職場に溶け込み若手にExcel指導（31文字）
- Amazon、450社巻き込みCO₂回収技術の普及へ　幹部に聞いた（33文字）
- YKKグループ、定年廃止　20年超準備し「社員にキャリアの決定権を」（34文字）

３ セミロング型
ダイヤモンド・オンライン（ダイヤモンド社）

　ダイヤモンド・オンラインのタイトルに使われている文字数は記事によってさまざまです。少ないものは30文字くらいから、多いと50文字を超えるものまであります。**文字数をきっちり統一せずに、記事によって柔軟に対応していること**がわかります。

　次ページに、アクセスランキング上位３記事のメインタイトルを紹介します。同日TOP10にランクインした記事のタイトルに使われている文字数は、平均42.6文字でした。なお、こちらもサブタイトルの設定はありません。

タイトル例

- 孫正義が「つまらんなぁ」と感じる"絶対に仕事ができない人"の特徴（32文字）
- 服選びに失敗しない"たった1つ"のルールとは？【人気ドラマのスタイリストが教える服装術】（44文字）
- マツダ「新生ロードスター」と従来モデルの明確な違い…首都高＆アクアラインを走り込んで徹底検証！（47文字）

4 ロング型 プレジデントオンライン（プレジデント社）

プレジデントオンラインのタイトルは、他の経済メディアと比べてもっともタイトルが長く、50文字前後に設定しています。タイトル内に**複数のキーワードを入れて内容をしっかり伝え、読者にアピールし、ストーリーテラーのように情緒豊かであることも特徴**です。

次に、アクセスランキング上位3記事のメインタイトルを紹介します。同日TOP10にランクインした記事のタイトル文字数を調べたところ、平均51.1文字でした。なお、サブタイトルは22〜30文字程度と、幅広く設定しています。

タイトル例

- うつの原因は脳でも心でもなかった…長年うつに悩む患者がひそかに抱えていた「見落とされがちな症状」（48文字）
- お金の問題は「お金がないこと」ではない…収入が低くても「一生お金に困らない人」が絶対に欠かさないこと（50文字）

・トイレの「大」と「小」には大便と小便だけではない超重要な意味があった…多くの人が知らない"流し方の盲点"(52文字)

超ロング型
60文字から100文字を超えるものまで！

1〜4で紹介したメディアより、さらに長いタイトルが次々と生まれています。とくに、芸能、スキャンダル、事件などを扱うメディアはタイトルが長くなる傾向があります。**印象的で、ときにショッキングな内容をタイトルに入れることで読者の感情を刺激し、クリックを誘います。**嫌悪感を感じても、なぜか「見てみよう」とクリックしたくなるのが、人間の心理というものです。これも新たなトレンドと言えます。

あまりの長さに、「えっ、これがタイトルなの？」と驚くかもしれません。編集者たちは、読者が食いつきそうなワードを文章中にちりばめることに命を懸けています。タイトル文字数を増やせば増やすほど、入れるワードの数は増え、より読者に響く確率が上がるというわけです。

ただし、長いタイトルにはデメリットもあります。**キーワードが多く入る半面、タイトルの長さに疲れてしまい、読者が読み切らずに逃げてしまうこともあります。**その辺のバランスをどう上手にとるかが腕の見せどころです。
次に紹介するのは、長いタイトルの一例です。

タイトル例

- 本田望結「冬でも毎朝アイスを食べます」本田家の独特過ぎるルールと元SMAP香取慎吾との思い出を明かす、姉・真凜は「いつも的確」妹・紗来は「ツンデレです」家族秘話も（81文字） ――――――――[週刊女性PRIME]
- 「ドラえもんの気持ちを理解してくれる人に託したいの」当初は"合成音声"を使用するアイデアも…大山のぶ代(90)の夫が明かした「ドラえもん声優卒業」の真相（76文字） ――――――――――[文春オンライン]
- 「クマは人間の目が怖いの。だからじっと見てきたら、絶対に目をそらしちゃいけない」ツキノワグマに顔を殴打され右目眼球が…死亡者全員に食害された跡が残る本州史上最悪のクマ事故も勃発（88文字）–[集英社オンライン]

　文字数が長いほうが読者に好まれることもあれば、短いほうがPVを取りやすいこともあります（次ページの自社PV数参照）。**スキャンダルや世間を騒がせている事件など、読者に「何があったのか経緯を知りたい」と思わせるニュースであれば、長めのタイトルで内容をできる限り見せるのが有効**です。

　一方で、**ビジネススキル、暮らしに関わるハウツー記事など、読者へのメリットが大きい記事は、タイトルは長く書かずに、端的に記事の内容が伝わるほうが良いでしょう。**
　もちろんこの先、サイトのタイトルの作り方が変わっていくことは大いにあり得ます。各メディアの動きに注目してみるのもおもしろいかもしれません。

参考：ウェブメディアの自社PV数

▼総合／女性ポータルサイト：

	PV数	タイトル文字
文春オンライン	334,562,947	平均63.4文字
NEWSポストセブン	156,507,009	平均63.7文字
WEB女性自身	78,158,685	平均45.7文字
デイリー新潮	76,525,543	平均45.9文字
週刊女性PRIME	76,281,874	平均55.0文字

▼ビジネス・マネー：

	PV数	タイトル文字
現代ビジネス	247,188,712	平均43.2文字
東洋経済オンライン	143,497,342	平均23.9文字
ダイヤモンド・オンライン	90,842,351	平均42.6文字
PRESIDENT Online	72,511,441	平均51.1文字
日経ビジネス電子版	11,733,623	平均32.4文字

※PV数は日本ABC協会発表（2024年1〜3月期）の数値。タイトル文字は2024年6月17日の閲覧ランキング上位10記事から平均値を算出。

《MEMO》

実 践 編

第 3 章

「バズるタイトル」を誰でも簡単に作れる8か条

この章で紹介する8か条を知っているのとそうでないのとでは、天国と地獄の差! バズるタイトルを作成するうえで、とても重要な項目です。
タイトルを考えるときは、この8か条のルールをできるだけ入れてみましょう。タイトルを考えるのに慣れていない人は、まずは「3-2 読むメリットを感じさせる」と「3-3 数字を入れる」を意識して作ってみましょう。基本をマスターし、慣れてきたら、応用編の「3-7 警戒心を刺激しよう」以降にもチャレンジしてみてください。

Super Title Encyclopedia | 3-1

バズるタイトルは「最初の9文字」が命!

　タイトルは、目に触れる最初の1秒、いえ、0.9秒が勝負です。そのため文字数は、短すぎても長すぎてもいけません。適切な文字数でバランスをとることが大切です（60ページのコラムで紹介した長いタイトルは、編集者が意図的に作成しているため、ここでは例外と考えてください）。

　ここ数年は、ウェブ記事のタイトルの文字数は30文字前後が一般的です。トレンドや検索サイトの仕様によって若干の増減がありますが、8〜9割がたが30文字前後に落ち着いています。

　ただ、慣れていない人の場合、30文字のタイトルを無理に作る必要はありません。**まずは21文字を目安に考えてみましょう。**21文字でも十分、読み手の心にアプローチすることができます。

　人間が1秒間に認識できる文字数は約10〜13文字と言われています。タイトルが21文字だと、約2秒で読むことができます。2秒であれば、さっと確認できる、負担にならない長さと言えます。それ以上長くなると、よほど魅力的なタイトルでない限り、記事を読む前に疲れてしまい、スルーされてしまいます。

タイトルの最初には、読者が好きそうな言葉、反応を示しそうなキーワードをあますところなく入れてください。とくに、**最初の9文字以内に入れると効果絶大です。**

　タイトル冒頭の9文字に気になる言葉がなければ、読者にスルーされます。たとえ読者の求めていた情報が記事に出てきたとしても、「この記事は興味がないな」と思われてスルーされるという悲しい事態が生じます。まずはしっかりとタイトルを読んでもらうためにも、最初の段落で読者の心にアプローチする必要があります。

　具体的なキーワードなどについては、この後の項目で紹介していきます。また、文字数の磨き方（推敲）についても138ページ以降で書きますので、ぜひ参考にしてください。

　ちなみに、記事を投稿するサイトによっては、表示されるタイトルの文字数も異なります。まずは、あなたが寄稿するサイトが何文字まで表示されるかを確認しましょう。表示しきれない場合は「…」と省略されるのが一般的です。仮に「…」の部分に、キモとなるキーワードを書いていたとすれば……。そうです、悲劇の始まりですね（泣）。非常にもったいないので、そうならないように、**サイトに表示される文字数は必ずチェックしてください。**

　たとえば25文字までしか表示されないサイトなら、それに合わせたタイトルを作ります。しつこいようですが、**大事なキーワードは、必ず冒頭9文字以内に入れましょう。**

Super Title Encyclopedia | 3-2

「◯◯が解決する」で読者にメリットを感じさせる

　心を撃つタイトルに欠かせないもの。それは「読者のメリット」です。平たく言うと**「その記事を読んで得をすること」**になります。**タイトルに読者のメリットを入れることで、読者の「読みたい」という気持ちを刺激します。**もちろん、コンテンツの魅力を高める効果があるのは、言うまでもありません。**読者はメリットを感じないと、クリックをしないのです。**

　ではどうすればいいかというと、具体的には**「〜になる」「〜が解決する」といった表現を使います**。メリットは、明瞭かつストレートに書くこと。それが矢となり、読者のハートに刺さり、「読んでみよう」という気を起こします。
　次のNG例を見てください。

> NG例
> 新社会人が読むべき本10選

　ウェブでよく見かけるタイトル「〜するべき」ですが、推奨はしません。読者にとって押しつけがましく、偉そうな印象を受けるからです。それよりも「読むとどうなるの？」という部分の、メリットに重点を置くのがよいでしょう。次のような例が参考となります。

> **OK例**
>
> ・新社会人の悩みが一瞬で解決する本10選
> ・新社会人の仕事がうまくいく本10選

　いかがでしょうか。この２つにはそれぞれ「仕事がうまくいく」「悩みがスッと軽くなる」というメリットが入っていますね。これで読者のハートはバッチリつかめます。

　上手にメリットを入れるためには、面倒でも、**読者の理想像は何か、どんな悩みを解決したいのかをしっかり研究することです**（研究の方法は46～47ページで紹介しています）。
　読者のニーズを捉え、読んだ後のポジティブな変化を明確に示します。そうすることで、読者は記事を読んでみたいと思うようになります。

Super Title Encyclopedia | 3-3

「数字」を入れると
スポットライトが当たる

　53ページ以降でも紹介した通り、タイトルに数字を入れることでバズりやすくなります。理由の一つに「目立ちやすさ」があります。

　「え、そんなこと？」と思ったかもしれません。しかし考えてみてください。ネット上には日々膨大な数の記事が公開されています。タイトルを読まずに、ニュースサイトをただスクロールした経験は誰にでもあるはずです。その一瞬で、あなたの記事も見つけてもらわなければなりません。

　数字は独特な形をしており、日本語の中にあると目立ちやすい特徴があります。そのインパクトは絶大です。数字を使うだけで、まるでスポットライトが当たるように、タイトルに光が差し込みます。たとえ**クリックされなくても、数字によって読者の目線を留めて、タイトルだけは読んでもらうこと。これがバズるための小さな一歩なのです。**

　また、**情報を整理して明確に伝えることができるのも、数字のメリット**です。

　ウェブの定番タイトルである「〜できる3つの方法」といった表現は、コンテンツの要点を簡潔にまとめてくれます。情報が整理されるので、読者もコンテンツを追いやす

くなります。読む時間のあたりをつけることもできるので、「方法はたった3つなのか。これだけ読んでおこうかな」と、読むことへの動機づけにもつながります。

ここで2つの例を示します。

> タイトル例

1. 日曜大工が楽しくなるコツ
2. 日曜大工が楽しくなる3つのコツ

2のほうに、あなたの「読みたいアンテナ」がピンと反応しませんでしたか？

体感通り、数字を入れるだけで、受け取る側のインパクトは大きくなります。さらに、**数字はコンテンツの内容や事実、舞台背景を具体的に伝えることができます。**

たとえば**人にまつわる数字である年齢や年収、身長、体重などは、書けば書くほどその人物像がリアルに浮かび上がり、より興味をそそる結果となります。数字を使うことで、書き手の信頼感をアップさせることもできます。**

もう一つの例を紹介しましょう。

> タイトル例

1. 弁護士が教える「正しい熟年離婚」の始め方
2. この道30年の弁護士が教える「正しい熟年離婚」の始め方

一目瞭然ですね。1にあるただの「弁護士」よりも、2の「この道30年のベテラン弁護士」の記事を読みたくなったのではないでしょうか。

ただ、「タイトルに数字を入れたほうが良い」ということはわかっていても、なかなか入れるのに適切な数字が思いつかない場合もありますよね。そんなときのために、「タイトルに使える数字項目リスト」を用意しました。このリストを参考に、自分の記事タイトルに入りそうな数字はないか、考えてみてください。

タイトルに使える数字項目リスト

① ステップや手順

例：「料理上手になれる3つの方法」
　　「上司にYESと言わせるプレゼンの5か条」

② 期間や時間

例：「たった1週間で英会話をマスターするには」
　　「簡単5分でできる超リラックス法」

③ 年月日

例：「家計を助ける補助金リスト2025年最新版」
　　「12月限定！ クリスマス特別セールを見逃すな」

④ ランキング

例：「若者に人気の映画ランキングBEST20」
　　「2位は渋谷、1位は？ おしゃれだと思う街ランキング」

⑤ 割合やパーセンテージ

例：「今だけ！ 水着が9割オフの大バーゲン」
　　「あなたの年収を25%アップさせる必殺技」

⑥ 金額

例：「予算500円以下で楽しめるレトロカフェ」
　　「貯金1億円を楽に達成する方法とは」

⑦ 年齢

例：「60歳から始める健康的な生活」
　　「48歳美肌ママが教えるお手軽美容法」

⑧ 年収

例：「年収100万円から始める資産形成」
　　「年収2000万円でも貯金ゼロの残念弁護士の末路」

⑨ 経験年数

例：「この道30年の弁護士が教える正しい熟年離婚」
　　「経験わずか1年でも成功するプログラミング」

⑩ 学年

例：「将来勝ち組になれる大学4年生の過ごし方」
　　「子育て1年生の新米パパ奮闘記」

⑪ 体にまつわる数値

例：「短い期間で5kg痩せた食事メニュー一覧」
　　「視力0.1だった私が0.7まで回復した驚きの生活習慣」

⑫ ページ数や文字数

例：「たった1ページ読むだけであなたの人生は変わる」
　　「超大物俳優、超貴重2万字インタビュー」

Super Title Encyclopedia | 3-4 |

「端数」を使って
インパクトを残す

　タイトルに数字を入れる際は、端数(は すう)まで具体的に書くことがバズらせるためのコツです(端数とは、ある位(くらい)の下の位の数のこと)。**ゼロで終わる切りのいい数字よりも、端数のある数字のほうが、印象が強くなります。**

　試しに、次の2つのタイトルを比べてみましょう。

タイトル例

1. 日本の歴史を動かした偉人20選
2. 日本の歴史を動かした偉人21選

「20」と「21」は、数字としてはたった1つしか違わないのに、「21」のほうが印象に残りますよね。これが数字マジックです。「20」という切りのいい数字よりも、端数の「1」に読者は不思議と心引かれて、クリック率が上がります。「21人目は誰なんだろう」と気になって記事を読む人もいるでしょう。

　もう少し桁を増やして「100」という数字であったとしても、1を足した「101」か、1を引いた「99」のほうが、注目の度合が増します。

「○○人に聞いた調査」などの調査記事などでは、よく調査対象人数を「約100人」などと、細かい数字を省略して

書いてしまいがちです。これも省略せずに書くほうが、読者の目線をキャッチすることができます。

> **タイトル例**
>
> 1. 高校生約2000人に聞いた「尊敬している人物」調査
> 2. 高校生2013人に聞いた「尊敬している人物」調査

1の「約2000人」はなんとなくふわっとしていますが、2のように「2013人」とすることで、リアリティとインパクトが高まります。読者が目を留めて、よりクリックされやすくなるのは2です。

小数点を伴うタイトルも同様です。たとえば**パーセンテージは、基本的には小数点第一位まで明記するのが良い**でしょう。これも具体性がアップして、読者が興味を持ってくれます。次の2つを比べてみましょう。

> **タイトル例**
>
> 1. 目玉焼きに醤油をかける人は56%と判明
> 2. 目玉焼きに醤油をかける人は56.7%と判明

前者は「56％」、後者は小数点第一位の「56.7％」まで記載しています。これだけで、詳細な調査であると印象づけることができます。切りのいい数字よりも、端数をしっかり記載することで、タイトルにスポットライトを当てましょう。

Super Title Encyclopedia | 3-5 |

「意外性のある事実」が
シンプルに読み手の心を撃つ

　タイトルでは、意外性をアピールするのも有効です。
　意外性とは、**「世間にはこう思われていたけど、実はこうだった」といった予想外の情報や事実のこと。これらは新鮮で、とても魅力的に映ります。**読者は「どうしてそうなるの？」という疑問を抱き、答えを求めて記事をクリックしたい気持ちを抑えきれなくなります。
　たとえば、次のようなタイトルです。

タイトル例

　食べてOK！　チョコレートが太らない意外な理由

　チョコレートは、食べすぎると太ったり、虫歯になりやすかったりするなど、どちらかというと健康に悪いイメージを持つ人も少なくありません。その定説を覆し、「チョコは実は太らない」とタイトルにあると、一に、読者は「へ〜」と興味を示し、二に、「どうして？」という疑問がわきます。そして三に、記事をクリックするのです。

　それだけではありません。記事を読んで「なるほど！」と膝を打った読者は、この意外性を他の人にも教えたいと思うはず。迷わず、SNSのシェアボタンを押すでしょう。意外性のある記事は、こうしてどんどん拡散されていきます。

では、**タイトルで意外性を手っ取り早くアピールできる言葉は何かと言うと、「意外」です**（そのままですが……）。タイトルを考えてみたものの、「何か物足りないな」と思ったときに使える便利な言葉なので、覚えておくと良いでしょう。

タイトル例

BEFORE 我が家のカレーが100倍ウマくなる隠し味とは

AFTER 我が家のカレーが100倍ウマくする意外な隠し味とは

このように、記事のタイトルに意外性を取り入れることは、読者の関心を引きつけ、コンテンツを際立たせるための鉄板テクニックです。「この記事には新しい情報や視点があるよ」とアピールして、より多くの人々にアクセスしてもらいましょう。

Super Title Encyclopedia | 3-6 |

「セリフ」を加えて注目度を
一気に上げる

　記事の中に印象的なセリフやコメントが出てくる場合は、「」（カギカッコ）に入れて、タイトルにそのまま載せてしまいましょう。**セリフを効果的に取り入れることで、タイトルに感情が乗っかり、鮮烈な魅力を放つようになります。**

「」には、読者と共感するものや、驚かせるようなものなど、読者の感情を揺さぶるセリフを入れましょう。疑問文を入れれば、「どういうことなんだろう」と読者が不思議に思い、クリックしたくなります。記事のテーマやメッセージがより感情豊かに伝わり、インパクトも2倍、3倍増しとなります。

　たとえばインタビュー記事であれば、登場人物が発したインパクトのあるセリフを拾って、タイトルの最初に置きましょう。次のタイトル例を見てください。あまり人に知られていない話や衝撃を受けた内容を書くと、目に留まりますよね。読者の気持ちを想像して、「これは驚くに違いない」といったセリフを入れるようにします。

タイトル例

「麻婆豆腐は飲み物です」と中華シェフが力説するワケ

書き言葉ではなく、**あえて話し言葉を入れることで印象を強くすることもできます**。読者に近い感覚の言葉であれば、より親近感をプラスできます。友達に教えてあげるような感覚で、カジュアルにタイトルをつけてみましょう。また、流行っている言い回しを取り入れることで、注目度がアップします。

> タイトル例
>
> 「考えた人、優勝…!」たった10分で完成するハンバーグが大反響

　事件を伝えるニュースサイトの場合、当事者がどんなコメントを言ったのかを最初に見せることで、読者の好奇心を煽るケースが見受けられます。ポジティブなセリフよりも、ネガティブなコメントのほうが、より読者への訴求力が強くなるためです。**読者をヒヤッとさせるような言葉を入れるのがコツとなります**。

> タイトル例
>
> 「クマが私に狙いを定めたのがわかった」77歳男性、決死の10分間バトル

　セリフを入れる場合、くれぐれも長すぎる引用は要注意です。タイトルの半分以上がセリフになると、冗長な印象になり、大切なキーワードが埋もれる可能性もあります。**セリフ引用の目安は、タイトルの半分の文字数まで**。インパクトを失わない程度に、うまく推敲しながら作るのがコツです（推敲のコツについては142ページ参照）。

Super Title Encyclopedia　　3-7

【応用編①】「注意」「危険」で警戒心を刺激する

　ここからは応用編のテクニックを紹介します。ここまで紹介した基本的なテクニックに慣れてきたら、ぜひチャレンジしてみてください。

　タイトルを際立たせる手法として、「ネガティブな内容を入れる」方法があります。読者の警戒心を刺激して、クリックせざるを得ない感情にさせるのです。
　人間の脳は、進化の過程で危険情報に対するアンテナを発達させてきたと言われています。昔の人は周囲に危険が迫ってこないか、常に気を配っていました。これは自分の命を守り、安全を確保するための本能です。この性質を上手に利用して、タイトルに警戒心を刺激する要素を取り入れてみましょう。読者の興味を引きつけることができます。

　危機を喚起する記事を書く場合は、「注意」「危険」「リスク」「損」などの言葉をタイトルに入れます。自分の身を守りたいという本能が刺激され、読者の目線が釘付けになります。さらに記事を読んで、その危険を回避する方法や改善策を知りたくなるはずです。
　たとえば次ページにあるようなタイトル例です。

> **タイトル例**

銀行預金のみの人は大損！ 財産を安全に守る10の方法

ネガティブな内容を含むタイトルは、当事者でなくても、ある問題や課題に関心を持たせることもできます。

たとえば、「業界の闇」について触れた記事です。その業界の人でなくても、ミステリアスかつネガティブな危険オーラに吸い寄せられて、ついクリックしてしまう傾向にあります。

> **タイトル例**

金融業界の闇を告発「お年寄りを騙して……」現役証券マンが暴露

刺激的な出来事や修羅場についての記事も、注目を集めやすいです。社会的なマナーを問うものや、恋愛や夫婦関係の修羅場ものです。「自分だったらどうしよう」という危機感も相まって、野次馬根性で記事に集まってきます。

> **タイトル例**

前代未聞のヤバすぎる修羅場に発展！ 夫の浮気相手は孫だった

このように、ネガティブな内容は人の心を引きつけます。タイトルに警戒心を刺激する要素を取り入れることで、アクセス数に変化が現れるでしょう。ただし、153ページにも書いていますが、**社会的倫理に反する内容を書くのはご法度です。**

Super Title Encyclopedia | 3-8 |

【応用編②】ライフイベント関連の記事には「あなた」が効く

「お〜い！」雑踏の中で自分を呼ぶ声が聞こえると、つい振り向いてしまいますよね。たとえそれが空耳であっても。同じように、数あるタイトルの中で、自分に呼びかけているものを見つけると、つい反応してしまうのが人間心理というものです。「これは自分のことだ」「自分と関係がある」と思ったときに、読者は記事をクリックします。

タイトルは「この記事はあなたのニーズに関連しています」とアピールする舞台です。読者の立場や状況、感情などに寄り添うことで、記事に興味を持ってくれます。この当事者意識をうまく刺激するのがコツです。

とくに「貯金」「投資」などのお金に関わるテーマや、「就職」「転職」などの仕事に関すること、「家事」「子育て」など、読者のライフスタイルに密接に関わる記事に「あなた」を使うとうまくいきます。

たとえば次ページにあるようなタイトル例です。「あなた」という言葉が読者のハートにダイレクトに響き、手っ取り早く「あなた向けの記事です」とアピールすることができるのです。「あなた」と書いてあると、つい反応してし

まうのが日本人の性とも言えます。

> タイトル例
> あなたは大丈夫？ キャリアも家庭も両方崩壊させてしまう最悪の習慣

「～の人必見！」というワードもよく使われます。読者ターゲットの属性をそのままタイトルに入れて、「必見ですよ」とストレートに呼びかけます。

> タイトル例
> 資格試験に挑む人必見！ 合格者が全員食べていた食事メニュー3選

男女や年代などの属性をストレートに書くタイトルも、当事者の心にズバッと刺さります。

> タイトル例
> ドキッ！ 結婚したい30代男性が「必ず成功する」デート術をこっそり伝授

「あなた」という言葉はどんな人にもヒットしますが、**あえて属性を書くことで、よりいっそうアピール力が増します**。特定の読者に狙いを定めたいのか、幅広く記事をリーチさせたいのかによって、使い分けましょう。

第3章　まとめ

3-1　キーワードはタイトル最初の「9文字」に必ず入れよう

3-2　「○○が解決する」で読者の心に火をつけよう

3-3　タイトル+「数字」で読者の目線が留まりやすくなる

3-4　切りのいい数字より「半端な数字」のほうが印象に残る

3-5　物足りないときは「意外」の2文字でクリック欲をくすぐろう

3-6　セリフをタイトルに取り入れるとインパクトが2倍増しになる

3-7　「注意」「危険」は読み手の警戒心を煽るキラーワード

3-8　人生に関わる記事のタイトルには「あなた」で狙い撃ち

COLUMN 03

タイトル作りが一気に楽になる
トレーニング法

　タイトル作りを上達させるコツは、とにかく数をこなすことです。
「でも、記事を完成させない限り、タイトルはつけられないんでしょう」と思っていませんか？　そんなことはありません。

　記事を書かなくても、タイトルを作成するスキルをピカピカに磨く方法があります。タイトル作りがうまくなるトレーニングを4つ紹介しましょう。

1　良いタイトルをメモして真似する

「これ、良いな」「おもしろいな」などとピンときたタイトルに出会ったときは、メモをとっておきましょう。
　メモをとるのは、スマホのメモアプリでも、手書きのノートでもOKです。定期的に見返せば、アイデアの創出元になります。
　記事のジャンルは偏らずに、なるべくたくさんのメディアに触れると良いでしょう。自分と興味がかけ離れている記事でも、タイトルだけはメモしておくこと。**メモしたら、自分の記事だとどんなふうにアレンジできるか、頭の中で考えるようにします。**これをくり返すことで、印象的なタイトルを思いつくことができるようになります。

ちなみに筆者の場合、いいなと思ったタイトルには「#タイトル職人」とつけてXに投稿しています（次の画像参照）。これを定期的に行うことで、「良いタイトル」の知識が蓄積されていきます。タイトルを考えるのに行き詰まったときは、見返すだけでも参考になります。

2　ネットニュースをリライトする

　パッと目についたネットニュースのタイトルを、自分流に書き直してみる（リライト）トレーニングです。このとき、文字数を気にする必要はありません。「もっとこういう書き方ができるのではないか」と、頭の中で想像力を自由に働かせましょう。次ページにアレンジ例を載せます。

　思いつくままにどんどんリライトすると、瞬時にアイデアを思いつくようになります。本章で紹介したように、タイトルに数字を入れたり、冒頭にキャッチーな言葉をつけてみたりするなどして、簡単なところからチャレンジしてみましょう。この本の第4章で紹介するテンプレートや巻末の単語帳も、ぜひ参考にしてください。

> **タイトル例**
>
> BEFORE　小麦粉でつくる「簡単ホットケーキ」レシピ
> AFTER　たったの4STEP！ 小麦粉でつくる「簡単ホットケーキ」レシピ

③ ストップウォッチを使った連想ゲーム

　自分の執筆したいテーマをもとに、**連想ゲームをしましょう。タイトルに必要なボキャブラリーを強化でき、アウトプットのトレーニングにもつながります。**

　まずはベースとなるシンプルなタイトルを1つ用意します。今回は「貯金を10倍にする方法」というタイトルをもとに考えてみましょう。「貯金」「10倍にする」「方法」というように、いくつかの言葉に区切って、言い換えの連想ゲームをします。

　これは、自分の頭の中に類語辞典を作るようなものです。**類語は簡単にウェブで調べることができますが、自分の頭の中に入っていれば、作業の効率化につながります。**語彙力・表現力もパワーアップできるので一石二鳥！　言葉に歯止めをかけず、自由に脳の引き出しを開けていきましょう。

　連想ゲームでは、記事内容について考えなくてもOKです。タイトルとして成立しなくても問題ありません。言葉遊びだと思って、楽しみましょう。

　先ほどの「貯金」「10倍にする」「方法」を例にとると、

筆者の場合、こんな言葉が脳内に浮かんできました。
　次に例を挙げます。

類語例

貯金 …… 蓄え、財布の中身、預金通帳のケタ、銀行口座、全財産、マネー、積み立て

10倍にする …… 増やす、爆上げする、爆発させる、勝手に増える、手がつけられないほど増える

方法 …… テクニック、裏ワザ、秘儀、必殺技、トレーニング、伝家の宝刀、巻物、忍術

　本格的なトレーニングにするために、スマートフォンのストップウォッチ機能をセットしてそばに置いておくのもおすすめです。**だらだらと練習するよりも、「3分」などと時間制限を設けることで脳が程よく緊張し、最後の最後までアイデアを出そうと頑張ってくれます。**

　時間で区切らず、「20個表現を出すまで頑張る」と、目標の個数を設定してもいいでしょう。
　脳に制限をかけることなく言葉を捻出することで、「自分にはこんな語彙力があったのか」と、感動するはず。こうした**「言い換え力」を鍛えておくことで、幅広いタイトル表現を思いつくようになり、ユニークなタイトルを生み出すことができるようになります。**

4 タイトルは最低でも3パターン考える

　私の場合、タイトルを考える際は、いつも3パターン作って検討しています。

　私が定期的に寄稿している雑誌「プレジデント」の編集者は、担当する企画のタイトルを3案出すようにデスク（編集の責任者）から言われます。

　ここで、似たようなタイトルを3つ出しても意味がありません。**方向性の違うタイトル案を出すのが、幅広いクリエイティビティを引き出すコツです。**

　タイトルを考えるときは、野球でよく言われる「**走・攻・守**」を意識します。これは、野手に必要とされるスキルのことで、「走」が走塁、「攻」が打撃、「守」が守備のことですね。これをタイトルに当てはめると、次のイメージです。

走…読者にストレートに訴えかけるもの
攻…ちょっと過激で挑発的、ぶっ飛んだもの
守…テンプレに則ったオーソドックスでマイルドなもの

　このようなイメージで、まったく方向性の違うタイトルを3つ作り、アイデアを膨らませます。

　たとえば男性のビジネスパーソン向けに、「好かれるメール・嫌われるメール」というテーマで記事を執筆する場合のタイトルは、このような具合です。

> **タイトル例**
>
> 走　なぜ、あなたのメールは感じが悪いのか？
> 攻　キモすぎる！ 一発アウトな「嫌われるおじさんメール」とは
> 守　これで嫌われない！「好かれるメール」の書き方4選

これをベースに、メディアの特色や、読者との相性を見つつ、タイトルを決定していきます。

先ほど挙げた雑誌「プレジデント」は、40〜50代のビジネスパーソンが読者の中心層です。会社ではベテランとして働き、若い世代とのやりとりも多く発生する年頃です。彼らの中には、若手とどのようにコミュニケーションを取るべきか、悩んでいる人も少なくありません。

そうした読者のために、まず、若い人に嫌がられるメッセージの事例をピックアップしました。さらに、言われたくない言葉であろう「キモい」という言葉をタイトルで目立たせて、危機感を煽る作戦を立てました。それが次のタイトルです。

> **タイトル例**
>
> 中年男性が使うと「キモい」と思われる…一発アウトな絵文字10選

記事の反響は狙い通り上々でした。プレジデントオンラインにも投稿したところ、多くのリツイートを集めています。

初心者の方がすぐに「走・攻・守」を意識するのは少し難しいかもしれません。まずは、異なるテンプレを３つ試してみるだけでも十分です。一つのタイトル案にこだわらず、**複数のアイデアから本番用タイトルを決めるのが、より「バズる」タイトルに近づかせるコツです。**

実 践 編

第 **4** 章

使うと今すぐバズる!
ジャンル別タイトル
テンプレート×おすすめワード

この章では、ジャンル別に使える便利なテンプレートを紹介します。テンプレートの○○部分にあなたが書いた記事の内容を入れるだけで、バズるタイトルが完成します。また、各ジャンルにはタイトルづけで使える「おすすめワード」と、そのジャンルで使うとパワーアップする「相性の良いワード」も厳選しました。これらの言葉を使うと、さらにクリックされやすくなります。テンプレの○○部分に、「おすすめワード」と「相性の良いワード」を入れることで、自然とタイトルが完成します!

Super Title Encyclopedia | 4-1

「ビジネス・マネー」の記事を書くときはコレ！ 神技テンプレート7選＋おすすめワード

お金の問題は生活に直結する大事な問題。**ビジネスやマネー関連の記事は実用的で、人気が高いです**。年収、貯金、年金、投資など、さまざまなキーワードに読者は食いつきます。

読者は「損得」に敏感なので、「損しないための記事」には一定の需要があります。新しいビジネス機会やトレンドへの関心も高く、専門家による解説記事もよく読まれています。タイトルに具体的な金額を書くことで、さらに注目を集めることができます。

1 ○○を成功させる（数字）つのヒント

例：「初めての起業」を成功させる5つのヒント

ビジネスに関心のある読者は「成功」という言葉に敏感です。読者の目標を叶える方法が記事内にあることを、ストレートに示しましょう。「成長」「稼げる」「儲かる」など、ポジティブなキーワードでアレンジしても良いでしょう。ここ数年は、「投資」というキーワードも上位に入ってきています。

2 要注意！○○な人は損する理由

例：要注意！ネガティブな人は損する理由

　先ほども触れたように、読者は「損得」に敏感で、とくに**「損をしたくない」という思いを持っています。「損する」という具体的なワードで読者にアプローチしながら、注意喚起をします。「損」という言葉を「大損」に変えたり、「○○円損する」などと具体的な数字を入れたりするのもおすすめです。**

3 貯金／年収／資産が○倍になる(数字)つの方法

例：年収が簡単に10倍になる4つの方法

　生活に直結する「貯金」「年収」「資産」というキーワードに、読者はピクッと反応します。**具体的な数字を使ったタイトルは、さらに興味・関心を呼びます。**
　お金を増やすためのステップやアイデアを紹介し、読者に具体的な行動プランを提供しましょう。話題となっている「新NISA」の記事を書くときなどにおすすめのテンプレートです。

4 なぜ(有名企業・有名人)は○○をするのか／しないのか

例：なぜグーグルの社員食堂は無料なのか

　有名企業、個人の成功事例やストーリーを紹介し、その中から学ぶポイントを読者に届けます。グーグルなどの世界的な有名企業、スティーブ・ジョブズや稲盛和夫をはじめとする人気カリスマ経営者などの固有名詞を入れて、具体的な成功例を読者に想起させましょう。

　本文には、どこから引用したのかがわかるように、引用元を書いておくと信ぴょう性が増します。

5 ○○年のトレンドはこれ！業界を読み解く(数字)のキーワード

例：2025年のトレンドはこれ！業界を読み解く10のキーワード

　変化が頻繁に起こるビジネス業界。トレンド予測のタイトルは、ビジネスに携わっている人であれば、誰しも気になるものです。年末が近づくと、翌年のトレンド予測の需要が高まります。

6　年収／資産○○円への最短ルート

例：あなたにもできる！ 資産1億円への最短ルート

　金銭を表す「貯金」「年収」「資産」には多くの人が興味を持ちます。目標金額と「最短ルート」という言葉をセットで使い、スピーディに目標達成できる雰囲気を出すことによって、読者はクリックしたくなります。そのうえで、本文でノウハウや他人の成功例を紹介するのもいいでしょう。

7　(専門家) が教える (数字) つの○○テクニック

例：ベテラン税理士が教える7つの節税テクニック

　税理士や弁護士などの専門家に、マネーにまつわるヒントを聞く記事に最適なテンプレートです。読者が抱えがちなお悩みを、代行して専門家に聞いてみましょう。**専門家の名前の前に「この道30年」や「行列が絶えない」などと、説得力の増す飾り言葉を加えるのもおすすめです。**

おすすめワード

儲かる　一人勝ち　ハラスメント　年収　貯金　資産　就活　転職　億り人　ほったらかし投資　キャリア　フリーランス　独立　起業　副業　成功法則　投資　エリート　タワマン　外資系　テクノロジー　DX　ベンチャー　AI

相性の良いワード

メリット　デメリット　テクニック　トラブル　リスク　危険　勝ち組　負け組　格差　日本人の〇〇離れ

ビジネス・マネー記事のタイトル例

老後は勝ち組！「ほったらかし投資」4つのテクニック

Super Title Encyclopedia | 4-2

「くらし・生活」の記事を書くときはコレ！神技テンプレート５選＋おすすめワード

「くらし・生活」とは、日常生活に密着した記事のことを指します。実用的なアドバイスを通して、読者に快適なライフスタイルを送るためのヒントを提供しましょう。

生活の記事は、トレンドや季節によって紹介できるジャンルが多岐にわたるため、幅広いコンテンツを届けることが可能です。**読者と等身大の記事を作ることで、つながりや共感が生まれやすく、フォロワーも増える傾向があります。**

1 簡単に〇〇できる（数字）つの方法

例：簡単に換気扇の掃除ができる７つの方法

人気のある「ハウツー記事」の基本的なタイトルの型です。「〇〇できる」と読者のメリットをはっきり示し、具体的な方法や手順が記事の中にあることを伝えましょう。**「簡単」「手軽」「シンプル」など、心理的ハードルを下げる言葉を入れるのも大切なポイントです。**

2 ○○が××円安くなる節約術（数字）選

例：引越代が5万円安くなる節約術4選

　とくにくらしや生活の記事に目を通す読者の場合、「なるべくお金をかけずに生活したい」と思っている人が多いものです。**「安く」「節約」という言葉をたくさんちりばめましょう。いくら安くなるのか、具体的な金額を入れるとさらに読者は食いついてくるはずです。**「（数字）選」は、ウェブでは定番のタイトルで、読者にも親近感を与えます。

3 ○○の悩みが解消！最新おすすめアイテム BEST（数字）

例：料理の悩みが解消！最新おすすめアイテムBEST10

　生活にまつわるグッズの紹介記事は一定の需要があります。興味深い商品やアイデアをたくさん紹介して、読者の関心を集めましょう。○○部分には読者の悩みを入れて、それが解決することをアピールします。**「最新」という言葉を入れると、目新しさをアピールすることができます。**
　ちなみに、タイトルに「最新」と入れるかどうかの基準ですが、一つは**「発売時期」**がポイントになります。発売直後〜1か月以内に発売されたものであれば、「最新」と言われても違和感はありません。発売後、数か月経っている

商品を紹介する場合は、必ずネットで検索を行います。**2〜3か月前に発売されたくらいであれば、ギリギリセーフと考えていいでしょう。**

> **4　○○がこっそり教える××の裏技**

例：主婦歴30年の私がこっそり教える家事の裏技

　書き手ならではの体験談を語る記事におすすめのテンプレートです。○○部分には「主婦歴30年の私」「カレー屋の店長」など、書き手の職業や属性を入れて専門性を高めます。「裏技」は誰しもが心引かれるパワーワードの一つ。「裏技」を「裏ワザ」とすると、よりカジュアルな印象となります。

> **5　(季節のイベント)をお得に楽しむ(数字)つのアイデア**

例：クリスマスパーティーをお得に楽しむ7つのアイデア

　お正月から始まり、お花見、夏休み、クリスマスなど、一年の間にさまざまなイベントがあります。ここでも重要になるのが「お得感」や「安さ」です。誰でも簡単にできる、お金のかからないアイデアを提供する記事は人気があります。

おすすめワード

掃除　収納　インテリア　リビング　引っ越し　子育て
節約　ペット　家族　ファミリー　ワークライフバランス
QOL　丁寧な暮らし　大掃除　リラックス

相性の良いワード

楽チン　簡単　ズボラ　手軽　お得　コスパ　時短
プチ○○　ちょい○○　すっきり　しっくり　快適　裏ワザ
シンデレラフィット　○○の日

くらし・生活記事のタイトル例

コスパ最強！　予算1000円以下でプチ贅沢気分になるインテリア術

Super Title Encyclopedia | 4-3

「恋愛・婚活」の記事を書くときはコレ！神技テンプレート５選＋おすすめワード

「素敵な人とめぐり会いたい」というのは、多くの人が持つ願望ではないでしょうか。恋愛や婚活に関するネット記事は昔から人気があります。読者の悩みを研究し、心に寄り添うような記事を提供しましょう。

相手とのコミュニケーションのテクニックや、出会い・恋愛・婚活に対するアドバイス、成功・失敗事例は大きな需要があります。タイトルでは、読者の感情や願望に向けてエモーショナルに訴えるのがコツになります。

1　○○と出会える場所ランキングBEST（数字）

例：運命の女性と出会える場所ランキングBEST 5

　パートナーを探している人にとって、どこに出会いの種が落ちているのかということは、最大の関心事項です。記事内にランキング形式で並べることによって、より読者が実践しやすいシチュエーションを選べるようにしましょう。
　ウェブ記事の場合、あなたの経験などに基づく主観でランキングを決めても大きな問題はありません。記事の最初に「筆者が決めたランキングです」と書いておきましょう。

その際、たとえば「103人とデートした経験のある私が決めた」や「年間100冊本を読む僕が選出した」など、**書き手の人となりを書くと、より目を引く記事となります。**

2　○○に好印象を与えるメッセージ(数字)選

例：初デート後の相手に好印象を与えるメッセージ４選

　現在の恋愛シーンでは、LINE やチャットなど、メッセージのやりとりが重要視されるようになってきました。「どんなことを送ればいいのか」と悩む読者は多いため、その回答をスパッと得ることができる記事は人気です。○○には読者と相手との間柄を書くとよいでしょう。

3　○○の本音を大公開！ 愛されるパートナー(数字)つの条件

例：アラサー男性の本音を大公開！ 愛されるパートナー３つの条件

　恋愛系の記事で、読者がもっとも知りたいのは相手の「本音」。**タイトルの最初に「本音を大公開」とあると、読者はついつい気になって見てしまいます。**「愛されるパートナー」の部分も自由にアレンジして使ってみましょう。

ところで、年代に関する言葉を使う場合、たとえば「30代」と「アラサー」は、どちらの言葉を使ったほうが良いでしょうか。厳密にいうと、30代は30〜39歳の人で、20代は含まれません。一方でアラサーは「アラウンド30」の略で、20代後半から30代前半までの人を指します。

あまり年齢を感じたくない女性読者の場合は、「30代」という直接的な数字よりも、「アラサー」のように数字を入れずにふんわりと表現したほうが、好意的に捉えられることもあります。

4　ダメ、絶対！「(読者の属性)」のNG言動

例：ダメ、絶対！百年の恋も覚める「婚活女性」のNG言動

　恋愛・婚活に関する記事では、成功例だけではなく、失敗例にも需要があります。「NG」という言葉を使って、読者に注意喚起を行いましょう。カギカッコには読者と共通する属性を入れて、目立たせます。「初デート」「クリスマス」など、恋愛イベントを入れてもOKです。

5　カレに「○○」と言われちゃう！愛されすぎる女子の(数字)つの特徴

例：カレに「一生離さない」と言われちゃう！愛されすぎる女子の4つの特徴

恋愛事情に敏感な、10〜20代女性に刺さるスタンダードなタイトルです。漫画やドラマにありそうな甘いセリフをタイトルに入れることで、読者の想像をかき立てます。読者が言われるとドキドキするようなセリフを選ぶのがコツです。

おすすめワード

デート　婚活　出会い　不倫　愛される　キュン　運命　占い　心理テスト　パートナー　夫婦　メッセージ　アプローチ　失恋　復縁　略奪　片思い　両思い　マッチング　好印象　悪印象　本命　プレゼント　バレンタイン　クリスマス　プロポーズ　モテる　ときめく　相性　セレブ　恋愛運　縁結び

相性の良いワード

テクニック　あるある　瞬間　初心者　思わず　無意識　条件　コツ　○○術　修羅場　ドキドキ　本音　魅力的　色気　幸せ　不幸

恋愛・婚活記事のタイトル例

運命の出会いをゲットできる「最強の婚活テクニック」TOP10

Super Title Encyclopedia | 4-4 |

「美容・ファッション」の記事を書くときはコレ！ 神技テンプレート5選＋おすすめワード

　美容やファッションの記事は、10～20代を中心に人気があります。SNSの普及で最新情報やトレンドにアクセスしやすくなり、見た目に力を入れる人が増えています。近年は、女性はもちろん、男性でも美容に気を遣う人が増えてきました。
　「おしゃれになりたい」という欲求のもと、多くの人が情報を求めてネットを検索します。その欲求に応えるタイトルを紹介しましょう。

> **1　（タイプ）に似合う！（シーズン）の最新〇〇BEST（数字）**

例：ぽっちゃりさんに似合う！ 2025年春の最新ファッションBEST 10

　ただ流行っているものではなく、体型や肌の色など、自分に似合うメイクやファッションを取り入れるのが最近のトレンドです。タイプをはっきりタイトルに書いて、「似合う」と読者メリットを入れて目立たせます。**（シーズン）部分には西暦を明記すると、読者の目を引くことができます。**

2 ○○が厳選！ (期間) ベストコスメ (数字) 選

例：人気美容家が厳選！ 2025年上半期「ベストコスメ」20選

コスメに明るいメディアや識者が選定する「ベストコスメ」は、美容好きの読者にバズる鉄板ワードです。期間を入れて「今、流行している」という時事性をアピールしましょう。さらに、誰が選定したかを頭において、リアリティをパワーアップさせます。文字数が多い場合は、ベストコスメを「ベスコス」と略すと今っぽさが出せますよ。

3 これだけでOK！ 手っ取り早く○○になる方法

例：これだけでOK！ 手っ取り早く美人になる方法

美意識の高い人なら誰しも、今すぐに美しくなりたいと思うはず。そんな**即効性をアピールできる言葉が「手っ取り早く」**です。「複雑なプロセスを抜きにして」という意味合いが含まれるので、ズボラな人でも気軽に記事をクリックしてくれます。

> ### 4 マイナス〇歳若く見られる！ 魔法の××テク（数字）つ

例：マイナス10歳若く見られる！魔法の美肌テク４つ

　美容やファッションに興味のある人は、実年齢より若く見られたいと思う傾向にあります。ちょっとしたコツで、若く見られることを「マイナス〇歳」と具体的に書いてアピールしましょう。**「魔法」というワクワクするような言葉を使うと、さらに印象に残るタイトルになります。**

5 〇〇はもう古い！ 時代遅れの××（数字）つ

例：アレはもう古い！時代遅れのファッション４つ

　美容やファッションの流行は移り変わりの激しいもの。今流行っているものも、少し経てば「時代遅れ」になってしまいます。流行感度の高い読者は「古い」や「ダサい」と思われることを嫌がります。そのため、こうした注意喚起の記事には一定の需要があるのです。**「今すぐ捨てて！」などのセリフを入れると、キャッチーなタイトルとして注目が集まるでしょう。**

おすすめワード

スキンケア　コスメ　メイク　ルーティン　買い物　コーデ　カラー　ヘアスタイル　エステ　脱毛　セール　アクセサリー　デザイン　通販　完売　時代遅れ　高見え　爆買い　爆売れ　新作　オシャレ　コンプレックス　セクシー　垢ぬけ

相性の良いワード

インフルエンサー　ポイント　No.1　ランキング　シンプル　やってはいけない　逆効果　コスパ　ダサい

美容・ファッション記事のタイトル例

これはダサい！ やってはいけない時代遅れのメイクとは？

Super Title Encyclopedia | 4-5

「健康・ヘルスケア」の記事を書くときはコレ！ 神技テンプレート5選＋おすすめワード

　昨今の健康意識の高まりから、ヘルスケアの記事が人気を集めています。「調子の悪さを解消したい」「病気を予防したい」という読者の思いに応えましょう。とくに、**簡単に取り入れることのできる生活習慣や最新の健康法は、人気が高いです**。ただし、**医療に関する記事は、エビデンスに基づいたものであることが必須となります**。不確かな情報を発信するのは控えましょう。

1 （医療従事者）が教える！ ○○を解消する（数字）つの方法

例：名医が教える！ 肩こりを解消する4つの方法

　医師や看護師など、医療従事者のコメントが載っている記事は、読者にとって大きな魅力です。トピックに関する専門的な見解が掲載されていることをアピールし、読者に信頼感を与えましょう。読者が抱えがちなお悩みが「解消する」とはっきり伝えるのがコツです。

2 ◯◯のストレスが一瞬でなくなる(数字)つのヒント

例：満員電車のストレスが一瞬でなくなる4つのヒント

　ストレスフルな日本社会を象徴するように、「ストレス解消」にまつわる記事は人気があります。「一瞬」という言葉を使って、読者のストレスがスッと消えるような内容をアピールしましょう。**ストレスの原因を最初に明示して、共感を呼ぶのがポイントです。**

3 毎日◯◯するだけ！(期間)で(数字)kg痩せる方法

例：毎日これを食べるだけ！ 半年で10kg痩せる方法

　ダイエットの記事は男女問わず人気です。具体的な数字を用いて「痩せる」と書き、読者の願望にダイレクトにアプローチしましょう。**冒頭に「あなたもできる！」と叫んで、読者の心理的ハードルを下げるのもコツです。**

4 注意！食べてはいけない／飲んではいけない ○○ランキング

例：注意！食べてはいけない加工食品ランキング

　冒頭で注意喚起をして読者を「ドキッ！」とさせ、記事をクリックしてもらうタイトルです。健康ブームもあり、昨今のメディアでは「食べてはいけない食品」や「飲んではいけない薬」など、「〜してはいけない」は流行のキーワードとなっています。

5 (数字)歳になっても○○でいられる (数字)つの秘訣

例：100歳になっても健康でいられる7つの秘訣

　何歳になっても元気に生活したいものです。平均寿命が延びる中で、「人生100年」というキーワードも広まり、「100歳になっても」というタイトルはとくに注目されます。「健康でいられる」のほかに「ボケない」「自分の足で歩ける」など、元気の象徴となる言葉を入れると効果的です。

おすすめワード

栄養　健康食品　サプリ　エクササイズ　ストレッチ　ヘルシー　長生き　スリム　筋トレ　ストレス　ダイエット　健康診断　病院　医師　看護師　医療従事者　薬　免疫　睡眠　お風呂　シャワー　ジム　フィットネス　ヨガ　ランニング　サウナ　メンタル

相性の良いワード

方法　習慣　解消法　裏ワザ　チェックリスト　簡単　手軽　NG　やりがち　一発で　リラックス

健康・ヘルスケア記事のタイトル例

1分で判明！「あなたは長生きできるか」医師監修チェックリスト

Super Title Encyclopedia | 4-6

「趣味」の記事を書くときはコレ！
神技テンプレート5選
+おすすめワード

　人生に彩りを加える趣味。**近年は「推し活」に力を入れる人も増えており、自分の趣味に関する新たな情報を常に探す人は多いものです。**記事を読んでスキルが向上する人もいれば、SNSなどで他の愛好家とのつながりを深める人もいます。趣味に関するユニークな視点を提供して、幅広い層の関心を引きつけましょう。

　また、これから新しい趣味に出会いたいという人も多くおり、**趣味のアイデアを提案してくれる記事も人気があります。**

**1　初心者必見！簡単にできる
　　○○アイデア（数字）つ**

例：初心者必見！自宅で簡単にできるコスプレアイデア7つ

　趣味の世界に足を踏み入れるとき、誰もが最初は初心者です。「始めてみたいけど、どうかな」という読者の背中を押す記事はよく読まれます。「初心者」に加え、「初めて」や「入門」という言葉を使ってもOKです。読み手の心理的ハードルを下げ、趣味の世界を広げる手助けをしましょう。

2　これだけ読めばOK！（趣味）の基本から上級テクまで完全ガイド

例：これだけ読めばOK！ガーデニングの基本から上級テクまで完全ガイド

　趣味に関する情報を網羅したガイドを提供します。冒頭に「これだけ読めばOK！」と書き、「基本から上級テクまで」と載せることで、どのレベルの読者にも響くようアピールします。趣味の全容を明らかにし、スキルアップに役立つ情報を届けましょう。

3　（趣味）の達人に聞く！誰でも上達できる（数字）つのテクニック

例：釣りの達人に聞く！誰でも上達できる7つのテク

　今の趣味でさらにスキルアップしたい人に刺さる記事タイトルです。その道の達人に、趣味が上達する方法を教えてもらう記事は需要があります。「誰でも」というワードを入れて読者の心理的ハードルを下げるのが、クリックされるコツです。

4 今が始め時！（年代・性別）が楽しめる趣味（数字）選

例：今が始め時！ 40代女性が楽しめる趣味30選

　新年や春の新生活のタイミングでは、新しく趣味や習い事を始める人が増えます。タイトルで年代や性別を絞ることにより、ターゲット読者を一本釣りしましょう。こうしたおすすめ記事は、項目の数が多いほど読者に喜ばれます。初心者の人は、まずは10項目以上を目標にしてみてください。タイトルに「今」という言葉を入れて、モチベーションを高めましょう。

5 知らない人は遅れてる!?（趣味）の最新トレンド（数字）選

例：知らない人は遅れてる!? ゴルフの最新トレンド4選

　趣味の世界でも最新トレンドは目まぐるしく変わっていて、読者は最新情報をいつも気にかけています。「知らない人は遅れてる」という口語を用いて、読者をソフトに煽ってみましょう。「トレンド」の部分は、「グッズ」「スポット」などの言葉に変えてもいいでしょう。

おすすめワード

アート　DIY　資格　検定　コレクション　語学　囲碁　将棋　読書　写真　カメラ　スポーツ　野球　サッカー　手芸　ガーデニング　鉄道　アウトドア　音楽　楽器　車　バイク　コスプレ　歴史　ハンドメイド　クイズ　スキル　習い事　スクール　学校　イベント

相性の良いワード

ハマる　上達　懐かしい　レトロ　初心者　入門　基本　レア　限定　プレミア

趣味の記事のタイトル例

初心者必見！ 美しい花を育てるガーデニングの基本

Super Title Encyclopedia | 4-7 |

「旅行・レジャー」の記事を書くときはコレ！ 神技テンプレート5選 ＋おすすめワード

　新しい体験と冒険を提供し、人々の心を豊かにする旅行・レジャー。観光スポット、ホテル、グルメなど、旅にまつわる情報はウェブで探すのが一般的となりました。**現地の最新情報はもちろん、実際の体験談を伝えたり、写真を載せたりすることで、読者に旅行のワクワク感を伝えていきましょう。**

　近々出かける予定の人から、行く予定はないけれどもその地に憧れる人まで、さまざまな読者を釘付けにするタイトルを紹介します。

1 （地名）に行くならココ！定番の人気観光地（数字）選

例：京都に行くならココ！ 鉄板の人気観光地10選

　旅行に行くことを決めたら、まず調べるのが観光スポットではないでしょうか。「地名　観光地」で検索する人は多いため、タイトルに具体的な地名を書くのはマストです。「京都」「箱根」など、一般的に有名な観光地は必ずタイト

ルに入れましょう。それほど知名度の高くない場所でも、都道府県名、または市町村名などのエリア表記は必須です。

最初に地名を明確に書くことで読者が記事を見つけやすくなり、「これだ」と反応してくれます。

2　(年代・性別)におすすめ！ ○○できる(場所)ランキング

例：30代男性におすすめ！ 心の底から癒される温泉地ランキング

「どこか旅に出たいな」と思っている人に刺さるタイトルです。目的別に観光地をランキング化します。読者の属性を最初に書いて、関心を呼び込みましょう。後半は「癒される」「感動する」「日帰りで行ける」など、読者のメリットをしっかり書きます。

3　○○と話題のスポットに行ってみた

例：タダで贅沢ができると話題のスポットに行ってみた

「〜してみた」はウェブで人気のタイトルの型です。旅行記事なら「○○に行ってみた」と、レポート記事にしてみましょう。

　なかなか行けない憧れの場所、レアな場所など、詳細を

郵便はがき

１０２８６４１

```
おそれいりますが
63円切手を
お貼りください。
```

東京都千代田区平河町2-16-1
平河町森タワー13階

プレジデント社

書籍編集部 行

フリガナ		生年（西暦）	
氏　　名			年
		男・女	歳
住　　所	〒　　　　　　　　　　　　　　　　　　　　　　TEL　　（　　　）		
メールアドレス			
職業または 学校名			

　ご記入いただいた個人情報につきましては、アンケート集計、事務連絡や弊社サービスに関する
お知らせに利用させていただきます。法令に基づく場合を除き、ご本人の同意を得ることなく他に
利用または提供することはありません。個人情報の開示・訂正・削除等についてはお客様相談
窓口までお問い合わせください。以上にご同意の上、ご送付ください。
＜お客様相談窓口＞経営企画本部 TEL03-3237-3731
株式会社プレジデント社　個人情報保護管理者　経営企画本部長

この度はご購読ありがとうございます。アンケートにご協力ください。

```
本のタイトル

```

●ご購入のきっかけは何ですか?(○をお付けください。複数回答可)

　1　タイトル　　　2　著者　　　3　内容・テーマ　　　4　帯のコピー
　5　デザイン　　　6　人の勧め　7　インターネット
　8　新聞・雑誌の広告（紙・誌名　　　　　　　　　　　　　　　　　　）
　9　新聞・雑誌の書評や記事（紙・誌名　　　　　　　　　　　　　　　）
　10　その他(　　　　　　　　　　　　　　　　　　　　　　　　　　）

●本書を購入した書店をお教えください。

　書店名／　　　　　　　　　　　　　　　（所在地　　　　　　　　　）

●本書のご感想やご意見をお聞かせください。

●最近面白かった本、あるいは座右の一冊があればお教えください。

●今後お読みになりたいテーマや著者など、自由にお書きください。

　　　　　　　　　　　　　　　　　　　　どうもありがとうございました。

タイトルに書くことで、さらに読者の興味を引くことができます。

> **4** 予算〇〇円で楽しめる！(地名)を満喫するモデルルート

例：予算1万円で楽しめる！秋の北海道を満喫するモデルルート

　旅行に行きたいとは思うものの、どうしても気になるのが旅費の問題です。タイトルに予算をはっきり書いて、読者が記事を読む手助けをしましょう。**読者のお財布事情を研究して、「これなら行けそう」と思わせる予算感にするのがポイントです。**

> **5** 【写真(数字)枚】〇〇すぎる(地名)の××

例：【写真29枚】美しすぎるハワイの絶景まとめ

　旅行記事は、写真を多く載せるのもポイントです。写真を多く載せる場合、枚数をタイトルに入れましょう。枚数が多ければ多いほど、インパクトは絶大です。
　さらに場所の説明を「〇〇すぎる」と少し大袈裟に書き、「どんなところだろう？」と、読者の好奇心を刺激します。

119

おすすめワード

観光地　絶景　穴場　グルメ旅　食いだおれ　ツアー　ホテル　旅館　宿泊　海外　お出かけ　日帰り　体験　ご当地グルメ　温泉　一人旅　女子旅　花見　桜　プール　海水浴　鉄道旅　ローカル線　飛行機　マイル　ドライブ　夏休み　ゴールデンウィーク　映える　ファミリー　キャンプ

相性の良いワード

格安　お得　コスパ　予算　初めて　癒し　贅沢　ラグジュアリー　リラックス　達人　神　見事　感動　映える　エモい

旅行・レジャー記事のタイトル例

旅の達人に聞く！「コスパ最強の海外旅行」の裏ワザ

Super Title Encyclopedia | 4-8

「グルメ・レシピ」の記事を書くときはコレ！神技テンプレート５選＋おすすめワード

　美味しい料理や新しい食べ物に関する情報は、昔から人気のあるテーマです。レストランやカフェ、食品に関するリアルなレビューは有益な情報源となります。目から食欲を刺激されることも多いので、美味しそうな写真を載せることもコツです。**食事のレビューやレストランの紹介をはじめ、レシピを紹介する記事も人気が高まっています。**

> **1　絶品（料理ジャンル）が食べられる（地名）の名店ベスト（数字）**

例：絶品フレンチが食べられる東京・下北沢の名店ベスト10

　フレンチや和食など、各料理の名店を紹介するオーソドックスなグルメ記事です。**地名を入れると、読者が記事にたどり着きやすくなり、細かくエリアを絞るほど、より的確に読者に刺さります。**タイトルにある「絶品」部分は、「大盛り」「激辛」「激安」など、店の特徴に置き換えてもOKです。

2　○○で話題の（料理）を食べてみた

例：YouTubeで話題のスーパーフードを食べてみた

　定番タイトルの「〜してみた」のグルメ版です。話題の商品や新商品など、読者が気になりそうな料理をいち早く食べて、レポート記事にしてみましょう。タイトルの頭には、どこで話題になっているかについて書きましょう。**料理名や商品名を具体的に書くこともポイント**です。

3　コスパ最強！（材料）が激ウマ料理に変身する時短レシピ

例：コスパ最強！豚肉が激ウマ料理に変身する時短レシピ

　レシピ記事のタイトルは、その料理の内容や材料はもちろん、時間感覚や予算感も大切にしましょう。忙しい現代人が求めるのは、時短や手軽さです。さらに節約志向の人が増えているため、コスパが良いと感じさせるタイトルにすると良いでしょう。

4　（専門家など）が教える！　○○できるお手軽レシピ

例：売れっ子シェフが教える！　5分でできるお手軽レシピ

専門家や料理に造詣の深い人がレシピを教える記事に使えるタイトルです。**「お手軽」という言葉で、読者の心理的ハードルを下げましょう。**○○には読者のメリットを入れて、タイトルをクリックしてもらう動機づけを行います。

> **5　いつもより（イベント）を10倍楽しめる料理（数字）選**

例：いつもよりクリスマスを10倍楽しめる料理5選

　イベントのタイミングに合わせたグルメ記事も人気があります。**「10倍楽しめる」など、読者のメリットを入れるのがポイント**です。
　イベントだけでなく、旬な食材を使った料理を紹介するのも効果があります。クリスマス、お正月、バレンタインなど、読者が季節感を楽しめるような記事を作りましょう。

おすすめワード

食べ歩き　スイーツ　カフェ　アフタヌーンティー　食べ放題　ウマい　激うま　よだれ　無限　飯テロ　シェフ　家庭料理　デザート　ご当地グルメ　世界の味　美食　激辛　伝統料理　オーガニック　寿司　カレー　焼肉　パスタ　餃子　チャーハン　お酒　ノンアル　昼飲み　ほろ酔い　新発売　ランチ　BBQ　電子レンジ　スーパー　コンビニ

相性の良いワード

ハマる　中毒　映える　手作り　レア　限定　今だけ　ここだけ　コスパ　ほったらかし　予算　特製

グルメ・レシピ記事のタイトル例

【浅草】映える食べ歩き！「春の限定スイーツ」15種全リスト

Super Title Encyclopedia | 4-9

「調査・アンケート」の記事を書くときはコレ！ 神技テンプレート5選+おすすめワード

　関心があるトピックや分野については、「他の人はどうなんだろう？」と、他人の意見が気になりますよね。

　社会やトレンドに対する興味の高まりから、調査やアンケート記事は、幅広い読者に関心を持たれる傾向にあります。**調査結果は秘密にするのではなく、タイトルでチラ見せするのが PV 数を増やすコツです。**

1　「好きな◯◯ランキング」2位は××、1位は

例：女子高生に聞いた「好きな映画ランキング」2位はタイタニック、1位は

　ランキング記事のタイトルは、2位をチラ見せして、1位を隠すクイズ形式にしてみましょう。読者は「1位はなんだろう」と思いながら、クリックするのが楽しみになります。また、執筆する記事のジャンルは「私はこれに投票したい」と思わせるようなものを選ぶといいでしょう。

　ランキング記事を書く場合、**記事の最初に「◯人に聞きました」と書くと信ぴょう性が高まります。**

表記する人数は、数が多いに越したことはありません。ただし、noteやブログなどを通じて個人で情報発信している人であれば、学術的なものではないため、大規模な調査は必要ありません。ランキングが成立する人数であれば、たとえば20人などの少ない人数表記でも OK です。

2　（数字）％の人が「〇〇」と判明！

例：33.3％の人が「社内恋愛の経験がある」と判明！

　読者が驚きそうな結果をタイトルで大々的に発表する記事です。**パーセンテージは、小数点第一位まで書くのがポイントです**（74ページ参照）。具体性が高まり、読者の興味を引きます。割合は％だけでなく、「〜割」や「〇人に1人」などの表現でもいいでしょう。

3　（属性）（数字）人に聞いた！「（質問）」

例：30代男性125人に聞いた！「奥さんに秘密にしていることは何ですか?」

　調査対象の属性と人数をタイトルの頭に持ってくるテンプレートです。対象と同じ属性の人や、その属性に興味を持っている人が、記事を見つけやすくなります。**人数は端数を省略せず、正確な数字を書くと、読者の注意を引くこ**

とができます（73～74ページ参照）。

> **4** あなたは○○派？ ××派？ 多いのはどちらか調べてみた

例：あなたはイヌ派？ ネコ派？ 多いのはどちらか調べてみた

　日常会話でよく聞く「あなたは何派？」というトピックは、ウェブの記事にしても楽しんでもらえます。タイトル冒頭で「あなたは」と呼びかけて、読者も参加しているような気になってもらうのが、PV数を上げるコツです。

> **5**　（属性）の本音を調査！（質問）

例：医師の本音を調査！迷惑だと思う患者の行動とは

　アンケート調査と相性が良いのが、「本音」という言葉です。読者が面と向かって聞けないことを、代わりに聞いてあげるような形で記事を作ります。「調査」ではなく「暴露」という言葉に変えると、よりセンセーショナルな印象を与えることができます。

おすすめワード

リサーチ　トレンド　分析　調査結果　データ　レポート　ランキング　アンケート　傾向　意識調査　市場調査　○○派　質問　第1位　ベスト　ワースト　最下位　人気投票　支持率　満足度　知名度

相性の良いワード

発表　判明　明らかに！　○○.○%（小数点第一位まで）　「○○」の声　No.1　多数　平均　上半期　下半期　年間　人気　本音　最新版　急上昇　○○に聞く

調査・アンケート記事のタイトル例

【最新版】都内の大学生に聞く「人気の就職先」ランキングTOP100

Super Title Encyclopedia | 4-10 |

「エンタメ」の記事を書くときはコレ！ 神技テンプレート5選＋おすすめワード

　忙しい生活から解放されて、楽しい時間に浸れるエンタメ記事。人気のある有名人の動向はもちろん、話題のテレビ番組や映画からネットに公開される動画・SNSの投稿まで、ジャンルは多岐にわたります。とくに、**多くのファンを抱える有名人の話題は注目を集めます。**

　エンタメ記事は、人々を楽しませるのが鉄則です。**くれぐれも有名人について記事を書く際は、誹謗中傷の表現にならないよう注意を払いましょう。**

> **1** （有名人の名前）が写真公開！ ファンからは「セリフ1」「セリフ2」の声

例：東香名子が写真公開！ ファンからは「髪切った？」「雰囲気変わった」の声

　有名人がSNSに公開した写真について述べ、それに対するファンのコメントを紹介する記事タイトルです。注目度が高く、エンタメ記事では定番となっています。人物名にはフルネームを入れましょう。コメントは、タイトルの文字数に応じて2〜3個入れるのがちょうどいいです。な

お、わかりやすくするため、この項目で紹介する事例にはすべて、筆者である東の名前を入れています。

> **2** （社会的関心の高いトピック）に（有名人）「セリフ」

例：史上初の金メダルに東香名子「本当にめでたい！」

　ニュースなどの社会的関心の高いトピックについて、有名人がテレビやSNSなどで発言した言葉を抜きとって記事にするのは、今や定番です。**発言を要約したらカギカッコに入れ、氏名のあとに続けてタイトルに入れましょう。**

> **3** 再生回数（数字）！ ○○の動画が激バズり中

例：再生回数1億超え！ 猫のかわいすぎる動画が激バズり中

　YouTubeやTikTokなどの動画の再生回数が爆発的に増えて、バズったものを紹介する記事です。**人はバズっているものを知りたいと思うもの。再生回数を書くことで、さらに興味を引きます。**「いいね」の数を紹介するのも有効です。

4　(作品名)の(シーン)を考察してみた

例：映画『ローマの休日』のデートシーンを考察してみた

「〜してみた」の、エンタメ版のタイトルです。**話題の映画やドラマなど、「実はこういう意味が隠されているのでは」と考察する記事は、近年人気があります。**「あのシーンは何だったんだろう」と疑問が生じるミステリアスなシーンをあなたなりに考察してみましょう。このタイトルは、ブログでも使いやすいです。

5　(年代)生まれが「懐かしい」と涙する(ジャンル)ランキング

例：80年代生まれが「懐かしい」と涙するドラマ主題歌ランキング

　思わず「懐かしい」と叫んでしまうような、昔を懐古する記事はネットでも人気です。また**ここ数年、Z世代などの若者には昭和のレトロな話題が響いていると言います。**ターゲットとなる年代の人が青春時代を思い出すような、心温まるエンタメ作品やグッズなどをランキング形式で紹介しましょう。

おすすめワード

デビュー　引退　ファン　ヒット　アニメ　漫画　コレクション　コミケ　ライブ　アーティスト　フェス　ゲーム　お笑い　映画　ドラマ　演劇　ミュージカル　芸能人　昭和　平成　泣ける　笑える　動画　SNS

相性の良いワード

再生回数　視聴者数　いいね　ハマる　オタク　人気　爆笑　ウケる　新作　名作　傑作　エモい　感動　厳選

エンタメ記事のタイトル例

再生回数1億超え！　インドネシアの爆笑動画が中学生にウケるワケ

第4章　まとめ

4-1　ビジネス・マネー記事は専門家による解説が効果的！タイトルには具体的な金額を明記しよう

4-2　生活関連の記事は実用的アドバイスが正義！「簡単」「コスパ」「お得」で差をつけよう

4-3　恋愛・婚活記事は成功・失敗事例が人気！「愛される」など感情に訴える言葉選びを

4-4　美容・ファッション記事はトレンド命！キラーワードは「ベスコス」「時代遅れ」

4-5　健康・ヘルスケア記事はエビデンスに注意！すぐにできる生活習慣や健康法が定番テーマ

4-6　推し活全盛！趣味の記事では「入門」「基本」で読者の心理的ハードルを下げよう

4-7　旅行・レジャーの記事では「憧れ」「レア」な場所を活字にして読者を釘付けに

4-8　グルメ・レシピの記事ではエリア名・料理名・予算を具体的に書くとクリック率がUP！

4-9　調査・アンケートの記事ではリアルな人数・割合を表記！「結果チラ見せ」もポイント

4-10　エンタメの記事では「セリフ」「再生回数」を書くと好反応！考察記事も人気高し

COLUMN 04

今っぽい? 古臭い?
タイトルの型にも流行がある

　タイトルの型にも流行があるのをご存じでしょうか。
　毎日100本以上のタイトルをざっとチェックしていると、「最近この形式、よく見るな」と思うものがあります。それらを筆者は「流行っているタイトル」だと判断します。逆に「もうこれは見なくなったな」というのもあります。

　10年ほど前、大事なキーワードを「○○」で隠すタイトルが流行しました。たとえば「あなたの人生を激変させる○○とは？」のようなものです。しかし、今はほとんど見られません。古くからウェブに携わっている人が見れば「懐かしい」または「古い！」と感じるでしょう。

　古風なタイトルだからといってPV数が激減する、ということではありません。ただ、トレンドの過ぎたタイトルは、読者の感覚に馴染まない可能性があります。ファッションのトレンドに周期があるように、何年か後にまた流行のタイトルとして浮上してくる可能性もあります。しかし、**一度旬を過ぎたタイトルは使わないほうがベターでしょう。**

　さて、ここ最近のトレンド傾向にはどのようなものがあるでしょうか。前著でも定番として紹介した「４つの方法」「５つの法則」などの数字を使ったタイトルは、最近

見る機会が減ってきたように思います。ただし、「たった1つの法則」などの「1」にまつわる数字は今もトレンドにあり、PV数を集めることができます。

変わって、見る回数が増えてきたと感じるのは、**セリフをカギカッコに入れて頭に持ってくるタイトル**です。いかにインパクトのあるセリフで読者の気を引くことができるか。読者にインパクトを与えることでクリックを誘うタイトルが、現在熱く流行しています（77ページ参照）。

タイトルの流行は誰が作っているのか？

ところで、こうしたタイトルの流行は、どのようにして生まれるのでしょうか。

筆者は、大手メディアの編集者たちによって、自然発生的に作られるものだと考えています。ニュースサイトの編集者たちは、他のサイトでバズった記事を参考に、自分たちでも似たような記事を作れないかを思案します。そして作った記事がまたバズると、また他のサイトがそれを参考にします。

こうして似たようなバズるタイトルが増え、流行が生まれていきます。ある記事がバズる→別のメディアの編集者が真似をする→その輪が広がる→流行する……というバズりのスパイラルが発生するのです。

「他サイトの記事を真似してもいいの？」と思うかもしれ

ません。実際、大手メディアの編集者たちは、真似をする・されることに対してある程度は寛容です。編集者が集まる会では、「あの記事、バズってましたよね」「ありがとうございます」「僕のところでも、似たような切り口で記事にできないか、考えているんですよ〜」「おもしろそう。今バズりやすいテーマですからね」という会話は珍しいものではありません。

　もちろん、すべての記事をコピペしたり、完全に模倣したりするクローンのような記事はご法度です。一流の編集者たちは、バズった記事をベースに、自分たちのメディアのエッセンスを加えながら、また別の記事を作り出しているのです。これもバズりのスパイラルと言えるでしょう。

　あなたもバズった記事を見つけたら、自分流に変換できないかを考えてみてください。大手ニュースサイトのタイトルを参考にした記事については、よほど悪質でない限り、文句を言われることはほぼないとみなしていいでしょう。

　ただし注意したいのは、個人のサイトやSNSからの拝借です。大手メディアに比べ、**個人の発信者は真似をされることに敏感です**。「パクった！」「パクられた！」など、トラブルに発展している例をよく見かけます。トラブル回避のためにも、個人のサイトをあからさまに真似することはおすすめしません。参考にする場合は、大手サイトのものにとどめておくのが無難でしょう。

実 践 編

第 5 章

記事を投稿する直前まで こだわろう! タイトルの推敲チェックポイント

タイトルを考えたら、さあ公開だ! とはりきって行きたいところですが、本当にそのタイトルはバズりそうですか? 公開前に、タイトルの最終チェックを忘れずに行いましょう。文章はもちろん、タイトルも「推敲」することがバズる記事への近道です。推敲とは、表現をより良いものにするべく、何度も作り直すことです。
この章では、タイトルの推敲に役立つチェックポイントを8つ紹介します。公開ボタンを押す前に、粘りに粘って、バズるタイトルに磨き上げましょう。

Super Title Encyclopedia | 5-1

タイトルと本文の内容は合っているか?

　タイトルを考えたら、まずは記事との整合性が取れているかどうかを確認しましょう。記事の内容がしっかり要約されているかをチェックします。仮に、タイトルと内容が一致しない場合、「タイトル詐欺だ！」と読者をがっかりさせてしまいます。

　たとえば、「浅草のおすすめ観光スポット」というタイトルで記事を書いたのに、よく読んでみると「浅草のグルメ」だけを紹介しているケースがあります。

　観光スポットとグルメは似ていますが、少し異なります。「観光スポット」という言葉から連想されるのは、庭園や神社、美術品などの「見て楽しむもの」。一方の「グルメ」は、言葉通り「食べ物」になります（もちろん、グルメは観光における楽しみの一つではありますが！）。

　つまりこの場合、タイトルと内容が合っておらず、読者はなんとなくモヤモヤしながら記事を読むことになるでしょう。そうならないために、整合性を取って「浅草のグルメスポット」を前面に出したタイトルづけを行います。

タイトルには記事の重要なポイント、つまり一番伝えたいメッセージを書きましょう。その際、メイントピックが的確に書かれているか、最後まで検討してください。

　なかにはPV欲しさのあまり、内容からかけ離れているタイトルも見受けられます。これは読者に嫌われる要因になるので、やめておきましょう。そのようなタイトルは「釣り」と呼ばれたり、「PV稼ぎ」「タイトル詐欺」と言われたりすることもあります。最悪の場合、「もうこのサイトに訪れるのはやめよう」と、読者が離れていってしまうでしょう。

　たくさんの読者を抱えるサイトは、読者の厚い信頼を勝ち得ています。**正しいタイトルをつけることが、信頼される書き手の第一歩となるのです。**

Super Title Encyclopedia | 5-2 |

漢字：ひらがな＝３：７の割合になっているか？

タイトルは、一度読んだだけで理解できるように作るのが鉄則です。 内容だけではなく、漢字とひらがななどの文字バランスを整えることも大切になってきます。

たとえば、こんなタイトルだとどうでしょうか。

> NG例
>
> 一体何故携帯電話店店員は得をするのか

漢字が続いていて読みづらいですよね。一度さっと見ただけでは、内容がつかみづらいのではないでしょうか。２〜３回ゆっくり読んでようやく「ああ、そういうことか」とわかります。そうです、ここでの主語は「携帯電話店店員」です。

このように、パッと見て内容がわからなければ、人の心をつかむことはできません。

読みづらさの原因は、漢字が連続していることによります。瞬時に意味がつかめるように、文字のバランスも考えましょう。とくに、漢字とひらがなのバランスは重要です。**誰にでも読みやすい理想的な配分は、「漢字３：ひらがな７」であると言われています。**

早速、先ほど紹介したタイトルの漢字とひらがなのバランスを取ってみましょう。まず「何故」をひらがなにします。次に「携帯電話店店員」に「の」を入れましょう。

> OK例
>
> 一体なぜ携帯電話店の店員は得をするのか

　これで読みやすくなりましたね。さらに印象づけるために、カタカナも使ってみましょう。「携帯電話店」を「携帯電話ショップ」に変えてみます。

> OK例
>
> 一体なぜ携帯電話ショップの店員は得をするのか

　さらに読みやすくなりました。漢字・ひらがな・カタカナのバランスを整えることで、一気に読みやすく、かつ印象深いタイトルを作ることができます。

　漢字が増えるとより堅く、ひらがなが増えるとよりソフトに、カタカナが増えるとよりポップな印象になります。ターゲットとなる読者に合わせてバランスを考慮するのがいいでしょう。

Super Title Encyclopedia | 5-3

「ぜいにく言葉」が邪魔していないか？

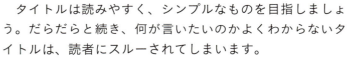

　タイトルは読みやすく、シンプルなものを目指しましょう。だらだらと続き、何が言いたいのかよくわからないタイトルは、読者にスルーされてしまいます。
　たとえば次の例をご覧ください。

> NG例
> 毎日楽しいと思えるようになる習慣

　なんとなくダラダラしている印象がありますね。「楽しいと思える」は、まどろっこしい表現です。シンプルに「楽しくなる」と書くだけで十分伝わります。

> OK例
> 毎日が楽しくなる習慣

　このように余分な言葉を取り除き、スリムな表現を目指しましょう。**書かなくても伝わる余分な言葉を、私は「ぜいにく言葉」と呼んでいます**。運動しないとお腹周りなどに蓄積する憎き脂肪のようなものです。余分なぜいにく言葉を取り除き、表現のダイエットに励んでください。

　伝えたいことをより短い文字数で伝えることができないか、検討してみるのです。不要な形容詞や副詞が含まれて

いないかどうかも確認しましょう。文字数が減った分、新しい言葉や情報を追加することで、読者へのアピール力が高まります。

参考までに、削ったほうがスッキリ見える言葉を次に紹介します。

- 強調の意味を持つ副詞……とても、非常に、きわめて など
- 接続詞……一方、なぜなら、でも など
- ぜいにく言葉……〜〜するようになる（「〜〜する」に短縮可能）、〜〜という、〜〜といった、〜〜することができる（「〜〜できる」に短縮可能） など

そのうえで、次のタイトル例をご覧ください。

NG例

とても素晴らしい景色を楽しめる店４選

この場合、どの部分にメスを入れるといいでしょうか。「とても」があると冗長な印象を受けるので、カットしてもいいでしょう。「とても」は強調の意味を持つ副詞ですが、少し曖昧な印象があり、読者がクリックする決定打にはなりません。思い切って使わないほうが、簡潔に伝わります。

同じような理由から、「非常に」「きわめて」などの言葉もカットを検討しましょう。そうした強調表現よりも、たとえ表現（比喩）や擬音語・擬態語を駆使してみてくださ

い。より印象的で、読者の心に訴えかけることができます。

> **OK例**
> 1 涙が出るほど素晴らしい景色を楽しめる店4選
> 2 ゾクゾクするほど素晴らしい景色を楽しめる店4選

1は比喩を使い、「涙が出るほど」という表現にしました。2では「ゾクゾクする」という擬態語を使っています。単に「とても」という強調表現を使うよりも、より深い表現にパワーアップさせることができるでしょう。

もちろん、内容によっては、形容詞や副詞が適切である場合もあります。より読者にアピールできる表現を追求し、タイトルをブラッシュアップしていきましょう。

同じ言葉が2回以上使われていないか？

　タイトルに字数制限を設けているメディアも多いため、重複表現があると字数がムダに浪費されてしまいます。タイトルに2回以上同じ言葉が出てきてはいけません。必ずチェックしましょう。
　たとえば次のようなタイトルです。

> **NG例**
>
> 結婚したい人必見！ 結婚できる男女の特徴

　タイトルの中に、「結婚」の文字が2回出てくることにお気づきでしょうか。これが重複表現です。**タイトルに同じ言葉があると、冗長でやや稚拙な印象を与えてしまいます。**「同じ言葉を使えば強調できる」と思う人もいるかもしれませんが、逆効果です。2回出てくる「結婚」のどちらかを別の表現に変えられないか、検討しましょう。

　タイトルの文字数には制約があるため、記事の魅力を効率的に、かつ最大限に伝える必要があります。**重複表現があるだけで、大切なメッセージや魅力的な要素が埋もれてしまう恐れも出てきます。**それらをカットして、新しい言葉・情報を加えましょう。より深いタイトル表現となり、多くの読者にアプローチできるようになります。

先ほどの例にある「結婚」という言葉を言い換えて、改善してみましょう。たとえば、「結婚したい人」を「婚活中」という言葉に変えてみるのはどうでしょうか。

NG例

結婚したい人必見！ 結婚できる男女の特徴

OK例

婚活中の人必見！ 結婚できる男女の特徴

　または、「結婚できる男女」を「生涯の伴侶に出会った男女」としてみます。

OK例

結婚したい人必見！ 生涯の伴侶に出会った男女の特徴

　こんなふうに、同じ意味を持つ言葉でも、表現を変えるだけで一気に魅力的なタイトルとなります。

　良い表現が思いつかないときは「**類語辞典**」がおすすめです。

　類語辞典とは、同じような意味を持つ言葉をまとめた辞典です。筆者は、オンライン上で使える「Weblio 辞書類語辞典」を愛用しています（https://thesaurus.weblio.jp/）。検索窓に調べたい言葉を入力すると、さまざまな言い換え表現を一覧で示してくれます。あるいは、ChatGPT も有効です（詳細は次ページの項目を参照）。

　タイトルを考えるときは、こうした強力なツールも味方につけましょう。

Super Title Encyclopedia　｜　5-5

ありきたりな表現が濫用されていないか?

　一歩進んだ文章表現をするために、「類語」の活用は必要不可欠です。同じ意味の言葉でも、さまざまな言い方を駆使することで、表現力を深めることができます。たとえば、「簡単」という言葉を「朝飯前」に言い換えるだけで、気の利いた表現だと読者に印象づけることができます。

　前のページで、言い換え表現を見つけたいときは「類語辞典」が有効であると書きました。最近では、ChatGPTなどの生成AIが、類語のアイデアをたくさん出してくれます。**これらをうまく活用することで、硬軟織り交ぜた、さまざまなニュアンスを持つ言葉を見つけることができます。**

「重要」という言葉を例にとりましょう。ChatGPTのウェブサイトを開き、「ChatGPTにメッセージを送信する」の部分に「『重要』という言葉の類語を10個出してください」と入力してみます（ChatGPTをはじめとする対話式のAIシステムに指示や質問を入力することを「プロンプト」と言います）。
　すると、次のような結果が出てきました。

類語例

大切　重大　必要　本質的　肝要　欠かせない　不可欠　基本的　意義深い　決定的

「どれも納得！」「その手があったか！」と膝を打ったのではないでしょうか。こうした言葉をどうタイトルに生かせるかと思うと、ワクワクしますね。それぞれの言葉が持つ微妙なニュアンスを駆使して、表現の幅を広げていきましょう。

もう一つ、「流行っている」という言葉の類語も探してみます。先ほどと同じように、「『流行っている』という言葉の類語を10個出してください」と入力してみましょう。すると、次のように、ポップなカタカナ語を交えた、幅広い表現を提案してくれました。

> **類語例**
>
> 人気がある　ブーム　トレンド　ヒットしている　盛り上がっている　流行中　話題沸騰　注目されている　旬　流行真っ只中

これで10通りのタイトルが作成できることになります。ただ単に「流行っている」という言葉ばかり使うのではなく、**色々な類語を意識して使うことで、ライティングの質をグイグイ上昇させることができます。**

また、AIを用いることで、自分では思いつかなかった表現やアイデアに出会うことができます。あなたのクリエイティブな世界が広がり、今まで考えつかなかった新しい視点からアプローチできるようになるでしょう。 ChatGPTは単なるライティング補助ツールではなく、書いて表現するプロセスに欠かせない、強力なパートナーの一つです。

空いた時間で、気になる言葉やよく使う言葉の類語をChatGPTに聞いてみましょう。たくさん利用して、仲良くなることです。もちろん、類語辞典（146ページで紹介）のほうが使いやすいという方は、そちらを活用してもOKです。

　身近なツールを使いこなして、さらに魅力的なタイトルをどんどん生み出していきましょう。

Super Title Encyclopedia | 5-6 |

「キーワード」は入っているか?
(超基本的なSEO対策)

　キーワードとは、記事に書かれたテーマを示すためにタイトルに使用される単語やフレーズのことです。キーワードを見て読者は「これは〇〇についての記事だな」と内容を把握し、クリックするかどうかを判断します。

　たとえばカレーショップの紹介記事を書く場合、どんなキーワードを入れればいいでしょうか。

NG例

近所のおすすめの店BEST5

　仮に上のようなタイトルにしてしまうと、カレーショップを紹介している記事であることが伝わりません。想定読者であるカレー好きの人に興味を持ってもらえない可能性も高くなります。

　タイトルには必ず「カレー」というキーワードを入れましょう。さらに、「近所」も具体的な地名に、「おすすめ」も、より興味がわくような表現にしてみましょう。

OK例

神保町で本当に激ウマなカレー店BEST5

　このように少し工夫するだけで、カレー好きの人に興味

を持ってもらえるタイトルになりました。

　タイトルにキーワードを入れることは、PVを上げるためにとても重要です。「SEO対策」という言葉を聞いたことがあるかもしれません。これは、**誰かがあるキーワードを検索したときに、自分のページがより上位に表示されるよう工夫すること**です。

　本格的なSEO対策のやり方は、本書では紹介しません。なぜならSEO対策を徹底することはとても奥が深く、個人レベルで完璧に行うのはとても難しいためです。SEO対策を専業にする業者もいるくらいで、素人では太刀打ちできないことも多くあります。
　そのため、私は「ゆるSEO対策」を提唱しています。「この記事を読む人は、どんな言葉で検索して、この記事にたどり着くのだろう」と考えるのです。

　読者が実際に検索エンジンで入力するであろうキーワードやフレーズを考え抜き、タイトルにそれらの言葉を組み込みましょう。

　たとえばウェブ記事を作成するにあたって、みなさんのようにタイトル作りで悩んでいる人であれば、「バズるタイトルや書き方」などを組み込むようにします。それだけでも、ターゲットとする読者が格段に、記事にたどり着きやすくなります。

実践編　第5章　記事を投稿する直前までこだわろう！タイトルの推敲チェックポイント

Super Title Encyclopedia | 5-7 |

人の心を
傷つけていないか?

　タイトルに炎上しそうな要素がないか、記事を公開する前に確かめることも大切です。炎上とは周知の通り、記事のコメント欄に誹謗中傷を含む投稿が殺到することを指します。

　炎上するとネガティブなイメージがつきまとい、あなたの評判が失墜してしまいます。仮にあなたが企業のブログ担当者の場合、一度でも炎上させてしまうと、会社全体の損失につながってしまいます。
　ウェブ記事はときに鋭利な刃物となり、人の心を大きく傷つける危険性があります。思いやりのある内容になっているか、今一度確認をしましょう。

　軽い気持ちで投稿した文章が、炎上してしまった……。そんな悲劇を生まないために、炎上しやすい3つの内容を押さえておきます。

1 モラルのない投稿

　ウェブで発信する人は、社会的なモラルを持つことが大切です。とくにSNS上にはモラルのない、いたずら動画が

しばしば投稿されることがあります。2023年には、回転寿司店での迷惑行為を撮影した動画が炎上。投稿者である少年は特定され、店から約6700万円の損害賠償を求められる事態に至りました（その後調停が成立し、訴えは取り下げられました）。

PV数アップを狙うあまり、社会的倫理に反すること、危険なことを行わないようにしましょう。たった一度の出来心でも、あなたの人生を狂わせることになります。また、誰かのプライベートを不適切な形で公開することも避けるのが無難です。

2 根拠がないフェイクニュース

根拠のない噂や、フェイクニュースを投稿することもやめましょう。とくに医療や健康に影響のある投稿にはくれぐれも気をつけてください。

新型コロナが流行した際は、人々を不安にさせるような噂がたくさん出回りました。不安を煽るネガティブな話題ほど、人々に拡散される傾向があります。「知り合いが言っていた」「フォロワーが投稿していた」は、証拠にはなりません。真実に基づいた情報をシェアし、情報の信頼性を確認することは、読者との信頼関係を築くうえでも不可欠です。**確証が持てない情報は、投稿を我慢することが大切です。**

③ 悪口や誹謗中傷

　特定の誰かを名指しして、貶(おとし)めるような投稿もNGです。こうした誹謗中傷は、今や社会問題となっています。心ない言葉を浴びせられた人が、自ら命を絶つ事件も発生しています。**人を傷つけるような攻撃的な発言、人種や性別に基づく差別的な内容は避けましょう。**同様の表現もNGです。個人や特定のグループを攻撃したり、差別や偏見を助長したりするような投稿はやめましょう。

　あからさまな誹謗中傷でなくても、**自分が発信することで「誰かが傷つくかもしれない」と心配になるくらいなら、投稿はストップすることです。**「誰も見ないから」「バレないだろうから」と思って投稿しても、当事者が偶然見つけたり、投稿を読んだ知り合いによって当事者に伝わったりすることも十分あり得ます。ウェブ上で表現したことは、大体がバレてしまうと理解しておきましょう。

　もちろん人間ですから、嫌な感情が心にわいてきて、抑えきれないこともあるでしょう。そういうときは、一通り嫌な思いを書き込んで、投稿は行わず、「下書き」にとどめておくことです。書き留めることで、いったん感情が落ち着き、嫌な気持ちから遠ざかることができます。

Super Title Encyclopedia | 5-8 |

もっと魅力的な
言い換え・類語はないか?

　タイトルが決まったら、もっと魅力的な言い換えがないか、時間が許す限り考え抜きましょう。これはPV数を左右する、重要な作業です。最後の仕上げに、バズりやすい表現をトッピングする感覚で、気軽に向き合いましょう。

　表現を「ちょい盛り」するのも、有効な作戦です。「発表」を「大発表」にしたり、「絶景」を「超絶景」にしたりするなど、程度を上げるような言葉を追加して、より読者にアプローチできる表現を極めましょう。とにかく一人でも多くの読者を振り向かせるために、全力で欲張ってください。

東流! タイトル推敲の実況中継

実況中継パート1

BEFORE　お風呂掃除がはかどる4つの方法
AFTER　ズボラ必見! バスルーム掃除が超はかどる4つの裏ワザ

　もっと魅力的な類語がないか、調べるのも一つの手です。上にある「お風呂掃除がはかどる4つの方法」を推敲する例をお見せしましょう。読者のメリットも数字も入っ

155

ており、十分バズる要素は満たしていますが、まずは「方法」をもっと良い言葉に変換できないか、考えます。

　たとえば「裏ワザ」「必殺技」など、少し意味深なワードを使うことで、より読者は興味を持ちます。「お風呂掃除がはかどる4つの裏ワザ」となりました。

　さらに「お風呂」というワードに着目します。たとえば「バスルーム」。「バスルーム掃除がはかどる4つの裏ワザ」とすると、少しおしゃれな雰囲気が漂います。20〜30代向けの一人暮らしの女性に響くかもしれませんね。そして「はかどる」だけではさみしいので、「超」を入れてみます。「バスルーム掃除が超はかどる4つの裏ワザ」。これでまた、タイトルに飛びつく人が増えるでしょう。

　仕上げに、タイトル冒頭で読者に呼びかけます。お風呂掃除を嫌がる人は……そう「ズボラ」ですね。ズボラな方に直接呼びかけます。「ズボラ必見！　バスルーム掃除が超はかどる4つの裏ワザ」。これでいかがでしょうか。元のタイトル「お風呂掃除がはかどる4つの方法」よりはるかに魅力的で読みたくなるタイトルになりましたね。

マネー系のタイトルも推敲してみよう

実況中継パート2

BEFORE　新NISAで買うべき銘柄はコレ!!
AFTER　新NISAで資産が10倍になるたった1つの銘柄とは

次はブームの到来でますます興味を持つ人が増えた、投資の記事タイトルを作ってみましょう。「新NISAで買うべき銘柄はコレ!!」というタイトルをさらに磨いてみます。

　投資を行うことで読者が得られるメリットは何でしょうか。たとえば「資産が10倍になる」「老後に安心できる」「億り人になれる」などが挙げられます。ここでは数字が入っている「資産が10倍になる」を使っていきます。「新NISAで資産が10倍になる銘柄はコレ!!」になりました。

　まだ磨く余地はあります。文末の「〜はコレ!!」は勢いがあるものの、イマイチ具体性に欠けます。前提として「！」の2つ使いはカジュアルすぎて、やや素人の印象を与えます。使う場合は、1つにとどめましょう。

　さらに、**文末に「！」あるいは「？」を置くのは、トレンドではありません**。やや流行遅れなタイトルになるので、「〜はコレ!!」は潔くカットし、「〜とは」で締めましょう。これでいくぶん知的な雰囲気になります。「新NISAで資産が10倍になる銘柄とは」になりました。

　できればもう一つ数字を使いたいところです。**単独の銘柄を推す記事なら「たった1つの」という言葉も絶大なパワーを発揮します**。「新NISAで資産が10倍になるたった1つの銘柄とは」。これでいかがでしょうか。元のタイトル「新NISAで買うべき銘柄はコレ!!」より、はるかに魅力的で、読みたくなるタイトルに変わりましたね。

第 5 章　まとめ

5-1　タイトルと本文の内容は合っているか？

5-2　漢字：ひらがな＝3：7の割合になっているか？

5-3　「ぜいにく言葉」が邪魔していないか？

5-4　同じ言葉が2回以上使われていないか？

5-5　ありきたりな表現が濫用されていないか？

5-6　「キーワード」は入っているか？

5-7　人の心を傷つけていないか？

5-8　もっと魅力的な言い換え・類語はないか？

COLUMN 05

AIはバズるタイトルを生み出す
最強のパートナー

　ChatGPTをはじめとする、文章生成AIが話題です。148ページでも書きましたが、**AIは、うまく使いこなすことで、バズるタイトルを生み出す最強のパートナー**になり得ます。

　もちろん、あなたは手を動かさずに、AIにタイトルを作ってもらうことも可能です。
　たとえばChatGPTに「バズる記事タイトルを作って」とお願いすればいいのです。どんなタイトルを提案してくれるのか、実際に試してみましょう。

　記事のテーマはダイエットとします。ChatGPTの「ChatGPTにメッセージを送信する」の部分に、「ダイエットをテーマにしたバズる記事のタイトルを5つ作ってください」と入力してみます。すると、次のようなタイトルを5つ提案してくれました。

タイトル例

- リバウンド知らず！ 長続きするダイエット成功の秘訣とは？
- たった1週間で変わる！ 驚きのダイエット法、今すぐ試してみて！
- 芸能人も実践中！ 最新ダイエットトレンドで理想の体を手に入れる方法
- これだけでOK！ 毎日5分の簡単エクササイズでスリムボディをゲット

・食べて痩せる!? 話題の食事法で健康的に体重を落とす秘訣

「なかなかレベルが高い！」と驚いた人も少なくないでしょう。これでも十分、記事のタイトルとして使えます。しかし、本当にバズるかどうかはまた別です。人の心を動かす完璧な表現には程遠いからです。

ChatGPTを使うベストな方法は、アイデアを複数出してもらい、それを推敲して、本番タイトルとして磨きをかけることです。この本に載っている法則やバズる単語をさらに追加すれば、百人力。**最低でも「読者のメリット」と「数字」を入れるようにしてください。**

試しに1番上の「リバウンド知らず！　長続きするダイエット成功の秘訣とは？」というタイトルを、ブラッシュアップしてみます。

まず「リバウンド知らず！」の部分。リバウンドを恐れる読者の心理をついており、「読者のメリット」になりますね。このまま残すのが得策です。

次に「長続きするダイエット成功の秘訣とは？」をより磨いていきます。この中にある「成功」という言葉は、なくても意味の通じるぜいにく言葉（142ページ参照）です。削ってスッキリさせましょう。「長続きするダイエットの秘訣とは？」となります。

また、このタイトルのもっとも致命的な点は、数字が入っていないことです。数字は68ページでも書いた通り、入れるだけで目立つため、それだけでバズりやすくなります。迷うことなく入れましょう。

　ここでは、ポピュラーな「ベスト（数字）」を使ってみます。文末の「とは？」の代わりに、「ベスト５」を入れるとどうなるでしょうか。「長続きするダイエットの秘訣ベスト５」となります。では、タイトルをつなげてみましょう。

タイトル例
リバウンド知らず！　長続きするダイエットの秘訣ベスト5

　痩せたい人の心にズバッとアプローチできる、魅力的なタイトルができあがりましたね。

　くり返しになりますが、AIはバズるタイトルを作る最強のパートナーです。**AIが考え出したタイトルをそのまま使うのではなく、この本に書いているテクニックをプラスすれば鬼に金棒です**。AIを上手に利用して、最高のタイトルを生み出していきましょう。

おわりに

タイトルに「力」があれば、
無名でもテレビに取り上げられる

「自分の記事や商品・サービスを、テレビに取り上げてもらいたい」と思う人は多いでしょう。しかし、「テレビ局とのコネもないし、扱っている商品の知名度も高くないから……」と、あきらめていませんか。
　そんなことはありません。コネがなくても、有名でなくても、テレビに取り上げられるチャンスはあります。

　筆者は2021年に、「鉄道トレンド総研」というメディアを個人で立ち上げました。インターネット上の調査サイトで鉄道に関するアンケートを募り、それを記事にするというものです。自分のブランディングになればと、月1回程度、コツコツ更新していました。
　すると、開設から1年にも満たないある日、驚くべき連絡が。「調査を番組で使わせてください」と、テレビ局から連絡が来たのです。しかも、同時期に2つの番組から。一つはニュース番組、一つはバラエティ番組でした。

　もちろん、テレビ局にコネはありません。プレスリリースを送るなど、売り込みをすることもありません。「鉄道トレンド総研」も無名のサイトです。ただ記事を作って、SNSで投稿していただけです。Xのフォロワーも218人と、

それほど多くありません（2024年7月1日現在）。

　それでも、テレビ局の人の目に留まりました。有名でなくても、フォロワーが少なくても、記事がテレビに取り上げられるチャンスは大いにあるのです。

　テレビで紹介された大きな要因は、調査記事であったことだと思います。メディアは常に話題になるネタを探しています。しかし、「新商品が発売されました」という情報だけでは、コンテンツにはなりづらいのが現状です。

　聞いた話ですが、テレビ局や雑誌の編集部には、新商品を知らせるリリースが山ほど届くそうです。リリースの山に、もうメディアの人間は見飽きているのです。残酷かもしれませんが、新商品のリリースは、ほぼ見られていません。

　しかし、調査記事なら、興味の触手が動きます。「最近の人は、こんなふうに考えているのか」と、メディアの人に新しい発見を与えます。メディアの人は常に世の中をあっと言わせる企画を考えていますから、新しいトレンドを告げる情報や、これまで隠されていた本音調査などの調査結果は、新たな企画が浮かぶヒントになりやすいのです。それほど、調査記事にはメディアへのアプローチ力があります。

　では、調査記事を書く場合のテーマは何にすればいいかというと、人材会社であれば「新入社員の本音調査」、食品メーカーであれば「好きな鍋ランキング」など、企業の特色に合わせたテーマにするのがポイントです。

もちろん、調査記事といえども、<u>タイトルに気を抜いてはいけません。筆者の調査が取り上げられたときも、タイトルを見るだけで調査の要点がわかるようなものにしました。キャッチーな表現を使うなど、この本で紹介しているようなテクニックも駆使しています。</u>そのバズるタイトルの原則を忠実に守って発信を続けていたら、テレビ局の方が見つけてくれたようです。

　メディアにデータを提供する際は、調査元のクレジットを必ず載せてもらうように依頼しましょう（この場合は、鉄道トレンド総研）。何百万人の人が見るテレビですから、PRのインパクトは絶大です。直接、新商品のPRにつながらなくても、大いに価値のある露出と言えます。

　大手メディアに取り上げられるのに、コネは必要ありません。調査記事は大いなる武器。メディアへのアピール力は絶大なのです。さあ、次はあなたの番です。タイトルの力を使って夢を叶えましょう！

　最後に、この文章を書いているとき、見たら幸せになる黄色い新幹線「ドクターイエロー」が2025年に引退するというニュースが飛び込んできました。全国の鉄道ファンや子どもたちに夢と希望を与え続けたドクターイエローに、「ありがとう、今までお疲れさま」の気持ちを贈って締めの言葉としたいと思います。

　　　　　　　　　　　39度のとろけそうな夏の東京にて。
　　　　　　　　　　　東　香名子
　　　　　　　　　　　（あずま）

付　録

【最新】

タイトルとの相性抜群！

「バズる
ワード
140」

バズるタイトルを考えるうえでは、目を引く言葉のチョイスが欠かせません。
この付録では、これまで研究してきた14万を超える記事の中から
とくにバズりやすいワードを厳選して掲載します。

各ワードの下には、10のジャンル名を記載しており、
とくに相性の良いジャンルには色をつけています。
書きたいジャンルに合わせて、最適なワードを選びましょう。

【難易度について】
かんたん・中級＝初心者、SNSで文章を投稿した経験のある人でも使いやすいワード
上級＝プロの編集者、ライターが使っているワード

手軽さを伝えるワード

Word 001 ★☆☆ かんたん

簡単

ビジネス・マネー	くらし・生活	恋愛・婚活	美容・ファッション	健康・ヘルスケア
趣味	旅行・レジャー	グルメ・レシピ	調査・アンケート	エンタメ

手間や難しさが少なく、物事を迅速かつ容易にできることを表すキーワード。読者は「やってみよう」という気を起こし、クリックしたくなります。

タイトル例

簡単! ホームパーティーで褒められる魚料理レシピ3選 (25字)
60代からでも簡単に始められる趣味ランキングTOP10 (27字)

Word 002 ★☆☆ かんたん

手軽

ビジネス・マネー	くらし・生活	恋愛・婚活	美容・ファッション	健康・ヘルスケア
趣味	旅行・レジャー	グルメ・レシピ	調査・アンケート	エンタメ

一般的に難しいと思われている物事と相性の良い言葉。行動するうえでの心理的ハードルを下げ、読者がすぐに取り組めるような印象を与えます。

タイトル例

手軽なストレッチでOK! 忙しくても続けられる3つの健康法 (28字)
今すぐできる! 超お手軽節約術で100万円貯める方法 (25字)

Word 003 ★☆☆ かんたん

シンプル

ビジネス・マネー	くらし・生活	恋愛・婚活	美容・ファッション	健康・ヘルスケア
趣味	旅行・レジャー	グルメ・レシピ	調査・アンケート	エンタメ

複雑ではなく、わかりやすく整理された状態のこと。手軽にできる印象を与えるので、ハウツー記事と相性が良いです。

タイトル例

今から実践！人生が変わるシンプルな考え方（20字）

シンプルイズベスト！効果的な時間管理で年収10倍UP（26字）

Word 004 ★☆☆ かんたん

初心者

ビジネス・マネー	くらし・生活	恋愛・婚活	美容・ファッション	健康・ヘルスケア
趣味	旅行・レジャー	グルメ・レシピ	調査・アンケート	エンタメ

新しい分野に挑戦したい人に向けて、丁寧な情報があるという期待を持たせます。安心感を強調することで、多くの読者を引きつけましょう。

タイトル例

初心者でも5分でわかる！AIの基本的な使い方（22字）

ラグビーのルールってどんなもの？初心者向けの基本ガイド（27字）

付録　タイトルとの相性抜群！バズるワード140

Word 005 ★☆☆ かんたん

基本

ビジネス・マネー	くらし・生活	恋愛・婚活	美容・ファッション	健康・ヘルスケア
趣味	旅行・レジャー	グルメ・レシピ	調査・アンケート	エンタメ

何事も基本が大切です。物事の基本や原則が記事に載っていることをアピールしましょう。「基礎」「ベーシック」と表現してもOKです。

タイトル例

有名教授が解説! 基本から学ぶプログラミングのいろは (25字)
基本はコレ! 料理が楽しくなるシンプルレシピ集 (22字)

Word 006 ★★☆ 中級

時短

ビジネス・マネー	くらし・生活	恋愛・婚活	美容・ファッション	健康・ヘルスケア
趣味	旅行・レジャー	グルメ・レシピ	調査・アンケート	エンタメ

時間短縮の略。時間を節約する効率的なテクニックは、忙しい現代人に人気のコンテンツです。仕事効率化や家事、美容の記事などによく合います。

タイトル例

忙しい朝でもOK! 最高の朝食ができあがる4つの時短テク (27字)
時短ワークアウトの決定版! 1日5分で理想の体型ゲット (26字)

Word 007 ★★☆ 中級

ズボラ

ビジネス・マネー	くらし・生活	恋愛・婚活	美容・ファッション	健康・ヘルスケア
趣味	旅行・レジャー	グルメ・レシピ	調査・アンケート	エンタメ

自分がズボラであると自覚している人は多いもの。そんな人たちに向けて、簡単でストレスなくできる方法をアピールすることができます。

タイトル例

ズボラ主婦でもキレイになれる！簡単美肌ルーティンを伝授（27字）

プロが解説！ズボラでも部屋がキレイな人の秘密（22字）

Word 008 ★★★ 上級

ほったらかし

ビジネス・マネー	くらし・生活	恋愛・婚活	美容・ファッション	健康・ヘルスケア
趣味	旅行・レジャー	グルメ・レシピ	調査・アンケート	エンタメ

労力をかけず、そのままの状態で悩みが解決することを端的に表現できるキラーワード。近年は「ほったらかし投資」という言い回しも人気となっています。

タイトル例

ほったらかし投資！最強の老後資金をつくる3ステップ（25字）

忙しいアナタを救う「ほったらかし料理」ベスト5（23字）

付録　タイトルとの相性抜群！バズるワード140

Word
009 ★★★ 上級
手っ取り早く

ビジネス・マネー	くらし・生活	恋愛・婚活	美容・ファッション	健康・ヘルスケア
趣味	旅行・レジャー	グルメ・レシピ	調査・アンケート	エンタメ

物事をお手軽かつスピーディに達成する手段を指します。大掃除など、本来は時間がかかると思われていることを攻略する記事に使ってみましょう。

タイトル例

ネットで話題のテクを結集！「手っ取り早く美人になる方法」（28字）
手っ取り早く肩こりが解消できるグッズベスト５（22字）

Word
010 ★★★ 上級
ストレスフリー

ビジネス・マネー	くらし・生活	恋愛・婚活	美容・ファッション	健康・ヘルスケア
趣味	旅行・レジャー	グルメ・レシピ	調査・アンケート	エンタメ

ストレスがなくリラックスした状態のこと。頑張らずに目標達成することを表現できるため、読者の心理的ハードルが下がります。

タイトル例

「ストレスフリーな日常」を手に入れるための５つの方法（26字）
必見！大掃除をストレスフリーでさっと終わらせる裏技（25字）

Word 011 ★★☆ 中級

楽チン

ビジネス・マネー	くらし・生活	恋愛・婚活	美容・ファッション	健康・ヘルスケア
趣味	旅行・レジャー	グルメ・レシピ	調査・アンケート	エンタメ

手軽で楽に行えること、簡単で手間がかからない状態を指します。読者に簡単な方法やアイデアを提供したいときにおすすめの単語です。

タイトル例

楽チン節約術の決定版！手軽に実践できる賢いお金の使い方（27字）

苦労せずに痩せられる！楽チンダイエットの真髄（22字）

Word 012 ★★★ 上級

スキマ時間

ビジネス・マネー	くらし・生活	恋愛・婚活	美容・ファッション	健康・ヘルスケア
趣味	旅行・レジャー	グルメ・レシピ	調査・アンケート	エンタメ

日常の合間や空いた時間のこと。タイパ（タイムパフォーマンス）重視の今、短時間で実践できるコンテンツは注目を集めやすいです。

タイトル例

スキマ時間を徹底活用！最強の自分磨きルール（21字）

徹底検証！高年収の人はスキマ時間をどう活用しているのか（27字）

Word
013 ★★☆ 中級

無料・タダ

| ビジネス・マネー | くらし・生活 | 恋愛・婚活 | 美容・ファッション | 健康・ヘルスケア |
| 趣味 | 旅行・レジャー | グルメ・レシピ | 調査・アンケート | エンタメ |

お金を払わずに商品やサービスをゲットできるのはうれしいものです。この言葉を見ると、読者はつい反応してしまうでしょう。

タイトル例

無料で学ぶ！初心者向けプログラミング入門ガイド (23字)
英語を最短で習得できる「完全無料学習アプリ」5選 (24字)

Word
014 ★★☆ 中級

激安・格安

| ビジネス・マネー | くらし・生活 | 恋愛・婚活 | 美容・ファッション | 健康・ヘルスケア |
| 趣味 | 旅行・レジャー | グルメ・レシピ | 調査・アンケート | エンタメ |

通常よりも安い価格で提供されること。節約やお得な情報に敏感な読者は多く、商品・サービスの紹介や、旅行をテーマにした記事との相性は抜群です。

タイトル例

激安旅行の達人に聞く！観光の最強裏ワザ5選 (21字)
格安DIY！予算2000円でできるオシャレな部屋づくりテク (29字)

Word 015 ★☆☆ かんたん

お得

ビジネス・マネー	くらし・生活	恋愛・婚活	美容・ファッション	健康・ヘルスケア
趣味	旅行・レジャー	グルメ・レシピ	調査・アンケート	エンタメ

「お得」は多くの読者の興味を引くことができる鉄板ワードです。いろんなことをお得に叶える記事は、もれなく読者に好評を博しています。

タイトル例

お得すぎてビックリ！ お金博士が伝授する最新節約術（24字）
鉄道旅行が安くなる！ プロが使う「お得なきっぷ」ベスト5（27字）

Word 016 ★☆☆ かんたん

入門

ビジネス・マネー	くらし・生活	恋愛・婚活	美容・ファッション	健康・ヘルスケア
趣味	旅行・レジャー	グルメ・レシピ	調査・アンケート	エンタメ

基礎を学べる情報があることをアピールする言葉。新しく何かを始めようとする人に向けた、春に配信する記事ととくに相性が良いでしょう。

タイトル例

難しくない！ すぐにプロ級になれる「海釣り入門」（23字）
【入門ガイド】西洋美術の基本から学ぶ「アートの楽しさ」（27字）

付録　タイトルとの相性抜群！バズるワード140

レアさを伝えるワード

Word 017 ★☆☆ かんたん

今だけ／今しか

ビジネス・マネー	くらし・生活	恋愛・婚活	美容・ファッション	健康・ヘルスケア
趣味	旅行・レジャー	グルメ・レシピ	調査・アンケート	エンタメ

特別で、ちょっとしたチャンスも見逃したくない読者の欲を刺激するキラーワード。「困ったときはこの単語を使えばOK」というくらいインパクトがあります。

タイトル例

今だけ！ 特別価格で手に入る「お得すぎる家電」とは（24字）
激レア！ 今しか見られない特別公開の仏像を見に行こう（25字）

Word 018 ★☆☆ かんたん

ここだけ

ビジネス・マネー	くらし・生活	恋愛・婚活	美容・ファッション	健康・ヘルスケア
趣味	旅行・レジャー	グルメ・レシピ	調査・アンケート	エンタメ

「ここにしかない」という特別な独占感を生み出す言葉。そのレアさに引かれ、読者の目線はぐいぐい引き込まれます。

タイトル例

日本でここだけ！ 珍しいスポットで味わう絶品グルメ４選（26字）
ここだけのレア情報満載！ 人生が変わるセミナー開催（24字）

Word 019 ★☆☆ かんたん

レア

| ビジネス・マネー | くらし・生活 | 恋愛・婚活 | 美容・ファッション | 健康・ヘルスケア |
| 趣味 | 旅行・レジャー | グルメ・レシピ | 調査・アンケート | エンタメ |

希少性や珍しさを指す、誰もがついつい反応してしまう言葉の一つ。カタカナ2文字であるところも、タイトルをより印象的に演出します。

タイトル例

レアグッズの楽園! マニアが泣いて喜ぶ趣味部屋を拝見（25字）

レアな視点から世界を見よう! 業界人だけが知る遊園地の裏側（28字）

Word 020 ★☆☆ かんたん

限定

| ビジネス・マネー | くらし・生活 | 恋愛・婚活 | 美容・ファッション | 健康・ヘルスケア |
| 趣味 | 旅行・レジャー | グルメ・レシピ | 調査・アンケート | エンタメ |

制限があることを指す言葉。緊張感や期待感で、読者の好奇心がそそられます。「期間限定」「地域限定」「限定◯個」などの表現で使ってみましょう。

タイトル例

限定公開! オリンピックの裏側に迫る4枚の特別レポート（26字）

総勢100名に当たる! 今だけ限定の読者プレゼント（24字）

付録 タイトルとの相性抜群! バズるワード140

Word **021** ★★☆ 中級

プロがこっそりやっている

| ビジネス・マネー | くらし・生活 | 恋愛・婚活 | 美容・ファッション | 健康・ヘルスケア |
| 趣味 | 旅行・レジャー | グルメ・レシピ | 調査・アンケート | エンタメ |

一般の人には認知度の低い、プロの技術や秘訣についての情報があることを伝える表現です。「こっそり」という言葉が特別感を与え、クリックを誘います。

タイトル例

プロがこっそりやっている「格安旅行の3つの裏ワザ」（25字）
プロがこっそりやっている！ ちょっとズルい秘密のテクニック（28字）

Word **022** ★★★ 上級

人には言えない

| ビジネス・マネー | くらし・生活 | 恋愛・婚活 | 美容・ファッション | 健康・ヘルスケア |
| 趣味 | 旅行・レジャー | グルメ・レシピ | 調査・アンケート | エンタメ |

普段ありつけない、秘密の情報にアクセスできるようなプレミアム感をもたらします。専門家が解説する記事のタイトルに使ってみましょう。

タイトル例

旦那が寝ている間に…人には言えない秘密のハナシ（23字）
業界人が大暴露！ 人には言えない芸能界の危ない24時間（26字）

数字と一緒に使えるワード

Word 023 ★☆☆ かんたん

ポイント

ビジネス・マネー	くらし・生活	恋愛・婚活	美容・ファッション	健康・ヘルスケア
趣味	旅行・レジャー	グルメ・レシピ	調査・アンケート	エンタメ

数字と一緒に使うことで、情報の要点が端的にまとまっていることが伝わります。ハウツー記事のほか、時事ニュースの解説記事によく合います。

タイトル例

運動・食事制限なし！健康的に痩せる7つのポイント（24字）

クリスマスまでに恋人ができるたった一つのポイントとは（26字）

Word 024 ★☆☆ かんたん

テク／テクニック

ビジネス・マネー	くらし・生活	恋愛・婚活	美容・ファッション	健康・ヘルスケア
趣味	旅行・レジャー	グルメ・レシピ	調査・アンケート	エンタメ

何かを達成するための特別なスキルや技法を表す言葉。投資やカメラ、メイクなど、プロの方法が知りたいと思われているテーマの記事に最適です。

タイトル例

1分でプロ級になれる！写真撮影の超絶簡単テクニック4つ（27字）

必殺！上司を口説き落とせるプレゼンテクまとめ（22字）

Word
025 ★☆☆ かんたん

裏技・裏ワザ

| ビジネス・マネー | くらし・生活 | 恋愛・婚活 | 美容・ファッション | 健康・ヘルスケア |
| 趣味 | 旅行・レジャー | グルメ・レシピ | 調査・アンケート | エンタメ |

公には知られていない、少数の人が知っているお値打ち情報のこと。家事などの記事で使う場合は「裏ワザ」にすると、カジュアルさを演出できます。

タイトル例

アイドルが伝授！目が2倍になる3つの裏ワザ（21字）
5つの裏技にトライ！争奪戦のチケットをゲットする方法（26字）

Word
026 ★☆☆ かんたん

コツ

| ビジネス・マネー | くらし・生活 | 恋愛・婚活 | 美容・ファッション | 健康・ヘルスケア |
| 趣味 | 旅行・レジャー | グルメ・レシピ | 調査・アンケート | エンタメ |

物事を上手に行うための重要なヒントやポイントのこと。記事のジャンルや時流を問わない、便利なキーワードと言えます。

タイトル例

仕事の合間にできる「ストレス解消」4つのコツ（22字）
人気シェフに直撃！家で作れる本格中華のコツを聞いてみた（27字）

Word
027 ★☆☆ かんたん

習慣

ビジネス・マネー	くらし・生活	恋愛・婚活	美容・ファッション	健康・ヘルスケア
趣味	旅行・レジャー	グルメ・レシピ	調査・アンケート	エンタメ

生活や仕事の中で自然に行っていること。ビジネススキル向上やダイエットなど、読者が目指す姿やゴールが明確な記事にピッタリのワードです。

タイトル例

忙しい人の「自分時間」が不思議と増える7つの習慣（24字）
デマに注意！健康的な生活を手に入れるためのマチガイ習慣（27字）

Word
028 ★☆☆ かんたん

～選

ビジネス・マネー	くらし・生活	恋愛・婚活	美容・ファッション	健康・ヘルスケア
趣味	旅行・レジャー	グルメ・レシピ	調査・アンケート	エンタメ

選りすぐりの情報があることを表現します。「4選」などと、数字と一緒にタイトルの最後に入れることで、情報が整理されていることがきちんとアピールできます。

タイトル例

美容師が厳選！本当に髪に優しいシャンプー10選（23字）
格安旅行のプロが厳選「夏に行くべき海外旅行」5選（24字）

付録 タイトルとの相性抜群！バズるワード140

Word
029 ★★☆ 中級

原則・鉄則

| ビジネス・マネー | くらし・生活 | 恋愛・婚活 | 美容・ファッション | 健康・ヘルスケア |
| 趣味 | 旅行・レジャー | グルメ・レシピ | 調査・アンケート | エンタメ |

ある事柄において守るべき基本的な原理や不変の法則のこと。やや格式ばった堅めの雰囲気が出るので、タイトルがビシッと引きしまります。

タイトル例

経営者100人の共通点「成功するビジネス」4つの原則 (26字)
絶対に外せない「美肌の鉄則」超ベスト3 (19字)

Word
030 ★☆☆ かんたん

特徴

| ビジネス・マネー | くらし・生活 | 恋愛・婚活 | 美容・ファッション | 健康・ヘルスケア |
| 趣味 | 旅行・レジャー | グルメ・レシピ | 調査・アンケート | エンタメ |

物事が持っている独自の点や顕著な属性のこと。新しい商品・サービスや、人物像などを解説する記事と相性が良いです。

タイトル例

徹底解剖！中高生に人気のあるインフルエンサー4つの特徴 (27字)
新製品の特徴を解説！前代未聞のスペックとは？ (22字)

Word
031 ★★☆ 中級

メリット・デメリット

ビジネス・マネー	くらし・生活	恋愛・婚活	美容・ファッション	健康・ヘルスケア
趣味	旅行・レジャー	グルメ・レシピ	調査・アンケート	エンタメ

読者は何かを大きく決断する際に、メリットとデメリットを比べたい気持ちがあるものです。高額商品や投資など、お金に関わる記事と親和性が高いでしょう。

タイトル例

効率とストレスのバランスが大事！在宅勤務3つのメリット（27字）

企業広報がYouTubeを開設する5つのデメリット（25字）

Word
032 ★★☆ 中級

共通点

ビジネス・マネー	くらし・生活	恋愛・婚活	美容・ファッション	健康・ヘルスケア
趣味	旅行・レジャー	グルメ・レシピ	調査・アンケート	エンタメ

共通の要素や特性があることを示す言葉。異なる対象間で似ているポイントを挙げると、読者に新しい視点を与えるため、より注目されます。

タイトル例

成功の秘訣が深い「ビジネスとアート」3つの共通点（24字）

ビックリ！昭和生まれと令和生まれの意外な共通点（23字）

付録　タイトルとの相性抜群！バズるワード140

Word 033 ★★★ 上級

嘘・ウソ

ビジネス・マネー	くらし・生活	恋愛・婚活	美容・ファッション	健康・ヘルスケア
趣味	旅行・レジャー	グルメ・レシピ	調査・アンケート	エンタメ

事実ではない情報や虚偽を指すワードです。スキャンダルや不正に興味を抱く人は少なくないため、この言葉を使うとタイトルに強いインパクトが加わります。

タイトル例

健康ブームの陰に潜む4つの嘘！正しい情報を得る方法は（26字）

深層心理を見抜け!「上司がウソをつく瞬間」ベスト3（25字）

Word 034 ★★☆ 中級

メソッド

ビジネス・マネー	くらし・生活	恋愛・婚活	美容・ファッション	健康・ヘルスケア
趣味	旅行・レジャー	グルメ・レシピ	調査・アンケート	エンタメ

目的や手順に基づいて計画的に行われる方法のこと。やや専門的な雰囲気を演出でき、読者の関心を集めます。

タイトル例

1年以内に結婚につながる「7つの婚活メソッド」（23字）

成功の秘訣がここに！デキる人が信頼を置くメソッド（24字）

Word 035 ★★☆ 中級

ルール

ビジネス・マネー	くらし・生活	恋愛・婚活	美容・ファッション	健康・ヘルスケア
趣味	旅行・レジャー	グルメ・レシピ	調査・アンケート	エンタメ

上昇志向のある読者に刺さりやすいキラーワード。この言葉を使うことが成功するための近道だと捉えられ、クリックされやすくなります。

タイトル例

第一印象で「いいな」と思われる人の基本ルール3つ (24字)
オリンピックの前に「カーリングのルール」を5分でおさらい！(29字)

Word 036 ★☆☆ かんたん

ベスト

ビジネス・マネー	くらし・生活	恋愛・婚活	美容・ファッション	健康・ヘルスケア
趣味	旅行・レジャー	グルメ・レシピ	調査・アンケート	エンタメ

人は常にベストな情報を入手したいものです。数字と組み合わせて使うことで、手っ取り早く良い情報にありつけることが伝わり、読者の心を引きつけます。

タイトル例

見逃すな！注目すべき革新的デバイス・ベスト10 (23字)
【最新】クライアント先に褒められる手土産ベスト5 (24字)

付録 タイトルとの相性抜群！バズるワード140

Word 037 ★★★ 上級

年収

| ビジネス・マネー | くらし・生活 | 恋愛・婚活 | 美容・ファッション | 健康・ヘルスケア |
| 趣味 | 旅行・レジャー | グルメ・レシピ | 調査・アンケート | エンタメ |

人のお財布事情は、多くの人が気にする魅力的なテーマです。「高年収なのにモテない人」など、ギャップを扱う記事も人気があります。

タイトル例

年収1000万円稼ぐ人は、なぜ貯金できない人が多いのか（27字）

44歳婚活女性「相手の年収は800万以上を希望」に反発の声（29字）

冒頭に使えるワード

Word
038 ★☆☆ かんたん

注目

ビジネス・マネー	くらし・生活	恋愛・婚活	美容・ファッション	健康・ヘルスケア
趣味	旅行・レジャー	グルメ・レシピ	調査・アンケート	エンタメ

記事に注目してほしいときに使えるパワーワード。タイトルの冒頭に、シンプルに「注目」と書くことで、読者の興味を一気に引きつけます。

タイトル例

注目！ 仕事の悩みが一発解決できる相談会のおしらせ（24字）
注目のトレンドはこれ！ 必ず話題になる新商品カレンダー（26字）

Word
039 ★☆☆ かんたん

注意

ビジネス・マネー	くらし・生活	恋愛・婚活	美容・ファッション	健康・ヘルスケア
趣味	旅行・レジャー	グルメ・レシピ	調査・アンケート	エンタメ

冒頭で「注意」と叫ぶと、読者はドキッとして記事を読みたくなります。「ご注意」とするとより丁寧な印象を演出できるでしょう。読者に注意喚起したい記事との相性は抜群です。

タイトル例

注意！ あなたのお金の使い方、損ばかりしていませんか？（26字）
【注意喚起】睡眠を妨げる逆効果のリラクセーション3つ（26字）

付録　タイトルとの相性抜群！ バズるワード140

Word 040 ★★☆ 中級

○○必見

| ビジネス・マネー | くらし・生活 | 恋愛・婚活 | 美容・ファッション | 健康・ヘルスケア |
| 趣味 | 旅行・レジャー | グルメ・レシピ | 調査・アンケート | エンタメ |

ターゲットに呼びかけて直接アプローチする方法です。タイトル例にもあるように、○○に入れる読者像が具体的であればあるほど心に刺さりやすくなります。

タイトル例

今年20歳になる女性必見！ お得に行けるレストランとは（26字）

ワーママ必見！ 仕事と子育てを両立する4つのコツ（23字）

Word 041 ★★☆ 中級

知らなきゃ損

| ビジネス・マネー | くらし・生活 | 恋愛・婚活 | 美容・ファッション | 健康・ヘルスケア |
| 趣味 | 旅行・レジャー | グルメ・レシピ | 調査・アンケート | エンタメ |

誰しも損はしたくないもの。この一言を入れるだけで、「記事にある情報を知らないと損してしまう」と読者の目が覚め、クリックしてもらいやすくなります。

タイトル例

知らなきゃ損！ デキる主婦が実践する「最強の投資術」3つ（27字）

知らなきゃ損！ 人気観光地にある穴場スポットベスト20（26字）

Word **042** ★★★ 上級

○○はもう古い

ビジネス・マネー	くらし・生活	恋愛・婚活	美容・ファッション	健康・ヘルスケア
趣味	旅行・レジャー	グルメ・レシピ	調査・アンケート	エンタメ

物事が時代遅れであることを表現する言葉。最新トレンドが好きな読者の関心をそそります。ファッションやビジネスのトレンド記事によく使われます。

タイトル例

スマホはもう古い！ デジタル革命、次なる一手とは (23字)
スカートはもう古い！ オシャレすぎる４つの最新コーデ (25字)

Word **043** ★☆☆ かんたん

○○が教える・○○が解説

ビジネス・マネー	くらし・生活	恋愛・婚活	美容・ファッション	健康・ヘルスケア
趣味	旅行・レジャー	グルメ・レシピ	調査・アンケート	エンタメ

専門家や読者に人気の高い人の書いた記事におすすめのフレーズです。タイトル冒頭で専門家や有名人が登場することをアピールし、読み手の心を捉えましょう。

タイトル例

株式投資の達人が教える！ 初心者でもスグに儲かる４つの法則 (28字)
人気料理YouTuberが解説！ 誰でもハマる秘伝のソース (28字)

Word
044 ★★☆ 中級

あなたは大丈夫？

| ビジネス・マネー | くらし・生活 | 恋愛・婚活 | 美容・ファッション | 健康・ヘルスケア |
| 趣味 | 旅行・レジャー | グルメ・レシピ | 調査・アンケート | エンタメ |

問いかけ形式であるため、読者は「自分のことかな」と注意を向けやすくなります。デメリットやNGを紹介する記事に使うと良いでしょう。

タイトル例

あなたは大丈夫？ 突然死を防ぐ「心と体の健康チェック」(26字)

あなたは大丈夫？ いつの間にか損するスマホ料金プラン (25字)

Word
045 ★★☆ 中級

まずはコレだけ

| ビジネス・マネー | くらし・生活 | 恋愛・婚活 | 美容・ファッション | 健康・ヘルスケア |
| 趣味 | 旅行・レジャー | グルメ・レシピ | 調査・アンケート | エンタメ |

最初に取り組むべきことや、基本的な情報に焦点を当てる言葉。手軽に始められることが瞬時に伝わるので、初心者の関心を集めやすくなります。

タイトル例

まずはコレだけ！ バズるために必要な3つのコト (22字)

英語学習、まずはコレだけ！ 初心者向けテキスト3選 (24字)

Word 046 ★★★ 上級

誰にも教えたくない

ビジネス・マネー	くらし・生活	恋愛・婚活	美容・ファッション	健康・ヘルスケア
趣味	旅行・レジャー	グルメ・レシピ	調査・アンケート	エンタメ

本当なら秘密にしたい情報があることを示唆する言葉。「特別な情報が含まれている」という期待感を抱かせ、読者の心に強く訴えかける効果は絶大です。

タイトル例

誰にも教えたくない！ 今後予約が取れなくなりそうな蕎麦屋（27字）

美魔女が「誰にも教えたくない！」と叫ぶ、秘密の美容術（26字）

Word 047 ★★☆ 中級

◯◯◯はいけない

ビジネス・マネー	くらし・生活	恋愛・婚活	美容・ファッション	健康・ヘルスケア
趣味	旅行・レジャー	グルメ・レシピ	調査・アンケート	エンタメ

「◯◯◯はいけない」と言われると、失敗や問題を避けたい読者は大きな関心を向けます。記事内では、NGの内容と解決策をセットで書くのがおすすめです。

タイトル例

やってはいけない！ ビジネスでの致命的な失敗・4つの事例（27字）

食べてはいけない！ 添加物まみれの悪魔の食材ランキング（26字）

Word 048 ★★★ 上級

死ぬまでに〜したい

ビジネス・マネー	くらし・生活	恋愛・婚活	美容・ファッション	健康・ヘルスケア
趣味	旅行・レジャー	グルメ・レシピ	調査・アンケート	エンタメ

人生で経験したい、達成したい、または追求したい目標や経験に焦点を当てるもの。旅行やグルメ記事のタイトルによく使われます。

タイトル例

死ぬまでに行きたい！ 美しすぎて感動する世界の絶景10選（27字）

死ぬまでに食べてみたい！ 銀座の高級寿司店に行ってみた（26字）

Word 049 ★★☆ 中級

今さら聞けない

ビジネス・マネー	くらし・生活	恋愛・婚活	美容・ファッション	健康・ヘルスケア
趣味	旅行・レジャー	グルメ・レシピ	調査・アンケート	エンタメ

みんなが知っていることを「今さら聞くのは恥ずかしい」と思っている読者に刺さる表現になります。時事ニュースやビジネスの解説記事などに使ってみましょう。

タイトル例

今さら聞けない！「冠婚葬祭のマナー」まとめ（21字）

一気におさらい！「今さら聞けないビジネス用語30」（25字）

シメに使えるワード

Word 050 ★☆☆ かんたん

～と判明・明らかに

ビジネス・マネー	くらし・生活	恋愛・婚活	美容・ファッション	健康・ヘルスケア
趣味	旅行・レジャー	グルメ・レシピ	調査・アンケート	エンタメ

ある情報や事実が明らかになったことを示す言葉です。未知の事実や情報に引き込まれた読者が次々とクリックし、バズる要因に。調査記事にも適しています。

タイトル例

よく眠る人は痩せやすいと判明！ 新常識を徹底解剖（23字）
コーヒーは健康効果が高いと明らかに！ ヘルシーな飲み方3つ（28字）

Word 051 ★☆☆ かんたん

～の声

ビジネス・マネー	くらし・生活	恋愛・婚活	美容・ファッション	健康・ヘルスケア
趣味	旅行・レジャー	グルメ・レシピ	調査・アンケート	エンタメ

ある出来事について、誰かが意見を述べたときに使えるキーワード。ポジティブ・ネガティブを問わず、どんな話題にも使えて便利な言葉です。

タイトル例

「地方まちづくりの未来が見えた」地元から賞賛の声（24字）
人気女優がオフショット公開「かわいい」「美しすぎる」の声（28字）

Word **052** ★★★ 上級

～の存在感

| ビジネス・マネー | くらし・生活 | 恋愛・婚活 | 美容・ファッション | 健康・ヘルスケア |
| 趣味 | 旅行・レジャー | グルメ・レシピ | 調査・アンケート | エンタメ |

周囲に与える強烈な印象や存在の大きさを指す言葉。特別感を演出し、読者の心を揺さぶりましょう。ファッションやエンタメの記事と相性が良いです。

タイトル例

撮り鉄がこぞって撮影！ 田園風景に映える赤い電車の存在感 (27字)

イケメン俳優がコンビニにいるだけで…その圧倒的存在感 (26字)

Word **053** ★★★ 上級

～の衝撃

| ビジネス・マネー | くらし・生活 | 恋愛・婚活 | 美容・ファッション | 健康・ヘルスケア |
| 趣味 | 旅行・レジャー | グルメ・レシピ | 調査・アンケート | エンタメ |

驚きやインパクトのある情報があることをアピールできる強いワードです。読者の好奇心を刺激して、目線を引き寄せる効果が高くなります。

タイトル例

ついに不老不死が現実に…最新テクノロジーの衝撃 (23字)

【ネタバレなし】世界中で大ヒット！ ホラー映画の衝撃 (25字)

Word
054 ★★★ 上級

〜の真実

| ビジネス・マネー | くらし・生活 | 恋愛・婚活 | 美容・ファッション | 健康・ヘルスケア |
| 趣味 | 旅行・レジャー | グルメ・レシピ | 調査・アンケート | エンタメ |

ある事柄や出来事の本当の姿や真相を暴く記事におすすめのワード。「本当のことを知りたい」という読者の心をくすぐり、クリック率が格段に上がります。

タイトル例

あなたは読む勇気があるか？「芸能界で成功している人」の真実（29字）

「なぜ人口は減少するのか」少子化を知る３つの真実（24字）

Word
055 ★☆☆ かんたん

〜の理由・ワケ

| ビジネス・マネー | くらし・生活 | 恋愛・婚活 | 美容・ファッション | 健康・ヘルスケア |
| 趣味 | 旅行・レジャー | グルメ・レシピ | 調査・アンケート | エンタメ |

ある出来事の理由や根拠を示す表現。「理由」はより真面目な印象を演出したいときに、「ワケ」はカジュアルな雰囲気を出したいときに使いましょう。

タイトル例

「本当のお金持ち」がファストファッションを好む３つの理由（28字）

意外！東大生が自分の部屋で勉強しないワケ（20字）

付録 タイトルとの相性抜群！バズるワード140

Word
056 ★★★ 上級

〜の末路

ビジネス・マネー	くらし・生活	恋愛・婚活	美容・ファッション	健康・ヘルスケア
趣味	旅行・レジャー	グルメ・レシピ	調査・アンケート	エンタメ

ある物事や状況が進展してたどり着く、最終的な結末のこと。読者は意外性や衝撃を期待するため、このワードがあるだけでクリックされやすくなります。

タイトル例

バイトで貯めた2000万円で高級車を買った男の末路 (25字)
投資をせずにコツコツ貯金だけを続けていた主婦の末路 (25字)

感情を表現するワード

Word 057 ★☆☆ かんたん

爆笑

ビジネス・マネー	くらし・生活	恋愛・婚活	美容・ファッション	健康・ヘルスケア
趣味	旅行・レジャー	グルメ・レシピ	調査・アンケート	**エンタメ**

笑いはバズりやすいコンテンツです。記事に笑えるネタがあることをアピールしましょう。画像や動画を紹介する記事とよく合います。

タイトル例

爆笑不可避！寝る前に笑いが止まらなくなる動画10選 (25字)
【爆笑】おもしろすぎる猫 vs 節分の鬼、一体どうなる (25字)

Word 058 ★☆☆ かんたん

泣ける・感動・涙

ビジネス・マネー	くらし・生活	恋愛・婚活	美容・ファッション	健康・ヘルスケア
趣味	旅行・レジャー	グルメ・レシピ	調査・アンケート	**エンタメ**

記事が涙を誘う内容であることを強調する言葉。感動的なエピソードのほか、残念なエピソードのタイトルにもはまりやすく、シェア欲求に火をつけます。

タイトル例

涙が止まらない！「本当に泣ける映画ランキング」ベスト20 (28字)
アイスを買った男の末路…残念すぎて「泣ける」と話題 (25字)

付録 タイトルとの相性抜群！バズるワード140

Word
059 ★★☆ 中級

残念

ビジネス・マネー	くらし・生活	恋愛・婚活	美容・ファッション	健康・ヘルスケア
趣味	旅行・レジャー	グルメ・レシピ	調査・アンケート	エンタメ

期待を裏切られたり、想定外の結果になったりする様子を表す言葉です。ハウツー記事に使うと、読者が反面教師とばかりに注目します。

タイトル例

新入社員101人に聞いた「残念な上司」7つの特徴 (24字)
あなたは大丈夫？ SNSで見かける残念すぎる投稿まとめ (26字)

Word
060 ★★★ 上級

ブチ切れ

ビジネス・マネー	くらし・生活	恋愛・婚活	美容・ファッション	健康・ヘルスケア
趣味	旅行・レジャー	グルメ・レシピ	調査・アンケート	エンタメ

誰かが激しく怒っている様子のこと。エピソードを紹介する記事に使うと、「一体何が起きたんだ」と読者の好奇心を刺激し、クリックされやすくなります。

タイトル例

駅員ブチ切れ「いくらなんでも度が過ぎる」と怒鳴ったワケ (27字)
必見！ ブチ切れしたクレーマーを一発で黙らせる3つの方法 (27字)

Word
061 ★☆☆ かんたん

ショック

| ビジネス・マネー | くらし・生活 | 恋愛・婚活 | 美容・ファッション | 健康・ヘルスケア |
| 趣味 | 旅行・レジャー | グルメ・レシピ | 調査・アンケート | エンタメ |

驚きや衝撃など、予想外に強い感情を引き起こす言葉で、多くがネガティブな事象に使われます。タイトルの冒頭に持ってくると強い印象を残します。

タイトル例

ショック！ いつもニコニコしているあの人の裏の顔が見えた瞬間（29字）

30代女性が告白！「言われてショックだった言葉」（24字）

Word
062 ★★☆ 中級

エモい

| ビジネス・マネー | くらし・生活 | 恋愛・婚活 | 美容・ファッション | 健康・ヘルスケア |
| 趣味 | 旅行・レジャー | グルメ・レシピ | 調査・アンケート | エンタメ |

「エモーショナル」の略で、心が動かされることを表す若者言葉です。タイトルがカジュアルな雰囲気になり、10～20代の目に刺さります。

タイトル例

これはエモい！ 親子が50年前と同じ場所で撮影した写真（26字）

心理学者が解説「なぜエモい瞬間はエモいのか」（22字）

付録 タイトルとの相性抜群！ バズるワード140

Word 063 ★★☆ 中級

ほっこり

ビジネス・マネー	くらし・生活	恋愛・婚活	美容・ファッション	健康・ヘルスケア
趣味	旅行・レジャー	グルメ・レシピ	調査・アンケート	エンタメ

温かく心地良い感じを表し、癒しを求める読者に最適な言葉です。「ほっこりカフェ」など、スポットを紹介する記事にも使えます。

タイトル例

疲れ切ったあなたを癒す「ほっこり動画」30本集めました（27字）

子犬と赤ちゃんの友情にほっこり！ SNSで10万いいね（26字）

Word 064 ★★★ 上級

悶絶

ビジネス・マネー	くらし・生活	恋愛・婚活	美容・ファッション	健康・ヘルスケア
趣味	旅行・レジャー	グルメ・レシピ	調査・アンケート	エンタメ

非常に強い感情や苦悶、興奮による苦しみなどを表現するワード。最近では「かわいい」などのポジティブな感情と一緒に使用される傾向があります。

タイトル例

かわいすぎて悶絶！ 夜中にこっそりハムスターを撮影してみた（28字）

悶絶級の感動！ 美しすぎて目を疑う世界のレア絶景10選（26字）

Word **065** ★★☆ 中級

イラッと

| ビジネス・マネー | くらし・生活 | 恋愛・婚活 | 美容・ファッション | 健康・ヘルスケア |
| 趣味 | 旅行・レジャー | グルメ・レシピ | 調査・アンケート | エンタメ |

軽い苛立ちを表すワードです。日常的にしばしば起こるエピソード記事との相性は抜群。読者の共感を得やすく、一気に目に留まりやすくなります。

タイトル例

ストレスの原因です!「上司にイラッとする瞬間」ベスト5（27字）

子育て中にイラッとしてしまったときの5つの心の持ち方（26字）

Word **066** ★★☆ 中級

スカッと

| ビジネス・マネー | くらし・生活 | 恋愛・婚活 | 美容・ファッション | 健康・ヘルスケア |
| 趣味 | 旅行・レジャー | グルメ・レシピ | 調査・アンケート | エンタメ |

爽快感を表現する言葉。読者の正義感を刺激する、悪人を成敗するような記事に使うとバズりやすくなります。

タイトル例

クレーマーを黙らせたおじさんの一言にスカッとした話（25字）

イライラにサヨナラ! スカッと爽快なストレス解消法7選（26字）

付録 タイトルとの相性抜群! バズるワード140

Word 067 ★★★ 上級

○○ロス

| ビジネス・マネー | くらし・生活 | **恋愛・婚活** | 美容・ファッション | 健康・ヘルスケア |
| **趣味** | 旅行・レジャー | グルメ・レシピ | 調査・アンケート | **エンタメ** |

熱中していたものが終了したときの寂しさや虚無感を指します。愛する人やペットが去ったときにも使われ、読者との共感力が強まる単語です。

タイトル例

毎日が辛い…「ペットロス」から立ち直る４つの方法 (24字)
ドラマ終了で大河ロスのあなたに！次にハマれる作品を一挙紹介 (29字)

Word 068 ★★☆ 中級

もふもふ

| ビジネス・マネー | **くらし・生活** | 恋愛・婚活 | 美容・ファッション | 健康・ヘルスケア |
| **趣味** | 旅行・レジャー | グルメ・レシピ | 調査・アンケート | **エンタメ** |

主に動物など、触り心地が柔らかくてふわふわした感触を表現する言葉。癒しやほんわかとした雰囲気があるため、疲れた読者の目線をキャッチすることができます。

タイトル例

抱っこしたい！もふもふできる動物ランキングBEST５ (26字)
永遠にもふもふできる「最強の毛布」が爆誕してしまった (26字)

Word 069 ★★☆ 中級

キュン

ビジネス・マネー	くらし・生活	恋愛・婚活	美容・ファッション	健康・ヘルスケア
趣味	旅行・レジャー	グルメ・レシピ	調査・アンケート	エンタメ

心がときめいた様子を表すポジティブなワードです。見た目が良い物や心が動かされるシーンのほか、恋愛や、かわいいものを紹介する記事におすすめです。

タイトル例

桜色のパッケージにキュン！ 春の新作コスメがすごすぎる（26字）

大人になっても恋したい！ キュンキュンする恋愛映画7選（26字）

Word 070 ★★☆ 中級

ダサい

ビジネス・マネー	くらし・生活	恋愛・婚活	美容・ファッション	健康・ヘルスケア
趣味	旅行・レジャー	グルメ・レシピ	調査・アンケート	エンタメ

洗練されておらず、古臭い、おしゃれでないと感じられる様子のこと。この言葉を入れると、ダサくなりたくない熱心な読者が、ここぞとばかりに注目します。

タイトル例

20代女性が「ダサい！」と密かに感じている40代のメイク（28字）

ダサすぎて逆に好印象？ 昭和のぶっ飛んだ流行語7選（24字）

付録　タイトルとの相性抜群！ バズるワード140

201

Word
071 ★☆☆ かんたん

本音

| ビジネス・マネー | くらし・生活 | 恋愛・婚活 | 美容・ファッション | 健康・ヘルスケア |
| 趣味 | 旅行・レジャー | グルメ・レシピ | 調査・アンケート | エンタメ |

表面的な言動や社会的な期待から離れ、心のうちに抱えている本当の思いを表す言葉。読者の好奇心をかき立てる、強力な単語の一つです。

タイトル例

あの治療法は儲かる…！口にはできない「医師の本音」(25字)
女性が本音を暴露「この男とは結婚したくない」と思う瞬間 (27字)

Word
072 ★☆☆ かんたん

テンション

| ビジネス・マネー | くらし・生活 | 恋愛・婚活 | 美容・ファッション | 健康・ヘルスケア |
| 趣味 | 旅行・レジャー | グルメ・レシピ | 調査・アンケート | エンタメ |

主に気分や雰囲気の浮き沈みを指す言葉として使われます。この一言を加えるだけで、勢いのある、エネルギッシュなタイトルを作ることができます。

タイトル例

大量チーズにテンションMAX！都内で話題のグルメ4選 (26字)
テンションだだ下がり！初対面の女性に幻滅した瞬間とは (26字)

インパクトをプラスするワード

Word 073 ★☆☆ かんたん

今

ビジネス・マネー	くらし・生活	恋愛・婚活	美容・ファッション	健康・ヘルスケア
趣味	旅行・レジャー	グルメ・レシピ	調査・アンケート	エンタメ

「今」を意識させることで、タイトルが印象的になり、読者の興味を引きつけます。一文字ですが、ありきたりなタイトルを一変させる強い力があります。

タイトル例

今すぐ問題解決！壁にぶち当たったら読むべき名著10選（26字）

始めるなら今！あなたの人生を100倍豊かにする趣味ランキング（30字）

Word 074 ★☆☆ かんたん

本当に

ビジネス・マネー	くらし・生活	恋愛・婚活	美容・ファッション	健康・ヘルスケア
趣味	旅行・レジャー	グルメ・レシピ	調査・アンケート	エンタメ

真実味を強調する表現。読者に強いインパクトを与えることができます。退屈なタイトルだと思ったときに使ってみましょう。

タイトル例

緊急ルポ！「本当に美味しいカレーライス」をご存じか（25字）

本当に欲しいものがココに！マニアが殺到するECサイトとは（28字）

付録 タイトルとの相性抜群！バズるワード140

Word 075 ★☆☆ かんたん

マジ・ガチ

| ビジネス・マネー | くらし・生活 | 恋愛・婚活 | 美容・ファッション | 健康・ヘルスケア |
| 趣味 | 旅行・レジャー | グルメ・レシピ | 調査・アンケート | エンタメ |

「本当に」「本気で」という意味を表す言葉。「本当に」よりも、真剣味や驚きを読者にアピールできます。また「ガチ」のほうが、より口語的でライトな雰囲気になります。

タイトル例

マジで？ 知らないと損する「世界の驚愕の事実」8選（24字）
ガチのマジで痩せる！ 最新「ダイエットサプリ」ランキング（27字）

Word 076 ★☆☆ かんたん

たった

| ビジネス・マネー | くらし・生活 | 恋愛・婚活 | 美容・ファッション | 健康・ヘルスケア |
| 趣味 | 旅行・レジャー | グルメ・レシピ | 調査・アンケート | エンタメ |

数量や程度が非常に少ないことを表現する言葉。「たった2つ」などと、数字とセットで使うことで、より読者の心を揺さぶります。

タイトル例

これだけ実践！ あなたの仕事が成功するたった一つの法則（26字）
たった2分で変わる！ 10歳若く見える最強ヘアスタイル（26字）

Word
077 ★★☆ 中級

○○すぎる

ビジネス・マネー	くらし・生活	恋愛・婚活	美容・ファッション	健康・ヘルスケア
趣味	旅行・レジャー	グルメ・レシピ	調査・アンケート	エンタメ

驚きや感動を表現するために使われる言葉で、通常のレベルを超えた状態や状況を指します。読者に強烈な印象を与え、記事へのクリックを促します。

タイトル例

想像の上をいく新商品が「美味しすぎる」と話題のワケ (25字)
行ってガッカリ「残念すぎる世界の観光地」ワースト20 (26字)

Word
078 ★★☆ 中級

普通に

ビジネス・マネー	くらし・生活	恋愛・婚活	美容・ファッション	健康・ヘルスケア
趣味	旅行・レジャー	グルメ・レシピ	調査・アンケート	エンタメ

基本的でありながらも、何かしらの期待を裏切る可能性を秘めている言葉です。形容詞や副詞とセットで使うと、心に響くタイトルを作ることができます。

タイトル例

普通に羨ましい! 新婚カップルの24時間に密着してみた (26字)
娘から「普通に美味しくない?」と感動される父親レシピ (26字)

付録 タイトルとの相性抜群! バズるワード140

Word
079 ★☆☆ かんたん

即

ビジネス・マネー	くらし・生活	恋愛・婚活	美容・ファッション	健康・ヘルスケア
趣味	旅行・レジャー	グルメ・レシピ	調査・アンケート	エンタメ

「直ちに」「すぐに」という意味を表すワード。迅速さや即効性を強調できるため、忙しい読者の関心を瞬時に集めることができます。

タイトル例

即実践！ 一発で体が軽くなるストレス解消法・4つ（23字）
これを言ったら即退場！ オフィスの5つのパワハラ用語（25字）

Word
080 ★☆☆ かんたん

超

ビジネス・マネー	くらし・生活	恋愛・婚活	美容・ファッション	健康・ヘルスケア
趣味	旅行・レジャー	グルメ・レシピ	調査・アンケート	エンタメ

「非常に」「きわめて」を表すややカジュアルな言葉。タイトルに使用することで読者の気を引くことができる、定番のワードです。

タイトル例

超簡単！ たった3分、驚くほど美味しい朝食レシピ3選（25字）
知らなきゃ損！ プロがこっそり教える超お得な節約術（24字）

Word
081 ★★☆ 中級

激

| ビジネス・マネー | くらし・生活 | 恋愛・婚活 | 美容・ファッション | 健康・ヘルスケア |
| 趣味 | 旅行・レジャー | グルメ・レシピ | 調査・アンケート | エンタメ |

非常に強烈で激しいといった意味の言葉。色々な品詞につけるとよりパワーのある表現になり、読者の心に強く訴えることができます。

タイトル例

冬の激太りを防げ！今すぐできる３つのエクササイズ (24字)
激変！同窓会でイメチェンした友人がまさかの行動に (24字)

Word
082 ★☆☆ かんたん

すごい・スゴい・スゴイ

| ビジネス・マネー | くらし・生活 | 恋愛・婚活 | 美容・ファッション | 健康・ヘルスケア |
| 趣味 | 旅行・レジャー | グルメ・レシピ | 調査・アンケート | エンタメ |

日常でもよく使う、素晴らしいという意味を表します。「スゴい」は定番。「すごい」は柔らかい印象を演出し、「スゴイ」はより読者に強い印象を残すでしょう。

タイトル例

インフルエンサーが伝授！一瞬で垢抜けるスゴい美容法 (25字)
まさかの展開に日本中が涙！この４コマ漫画がスゴイ (24字)

付録 タイトルとの相性抜群！バズるワード140

Word
083 ★☆☆ かんたん

一瞬・一撃・一発で

| ビジネス・マネー | くらし・生活 | 恋愛・婚活 | 美容・ファッション | 健康・ヘルスケア |
| 趣味 | 旅行・レジャー | グルメ・レシピ | 調査・アンケート | エンタメ |

短い時間を表す強力なキーワード。漢字の「一」は印象的で、読者の目を引きやすくなります。ハウツー記事に最適な言葉の一つです。

タイトル例

一瞬で身につく！ 効果抜群のハイパー語学メソッド（23字）

疲れた肌に一撃！ 表情が若返るスペシャルスキンケア（24字）

Word
084 ★★☆ 中級

神

| ビジネス・マネー | くらし・生活 | 恋愛・婚活 | 美容・ファッション | 健康・ヘルスケア |
| 趣味 | 旅行・レジャー | グルメ・レシピ | 調査・アンケート | エンタメ |

本来の意味である「崇高で超越的な存在や力」よりも、ウェブでは「スゴイ」「素晴らしい」という意味でお馴染みの言葉です。とくに若い人の注目を集めます。

タイトル例

仕事効率が10倍アップする「ビジネス神アプリ」ベスト10（28字）

これは神…！ 面倒な床掃除が一瞬で終わるスゴイ家電（24字）

Word 085 ★★★ 上級

圧倒的

ビジネス・マネー	くらし・生活	恋愛・婚活	美容・ファッション	健康・ヘルスケア
趣味	旅行・レジャー	グルメ・レシピ	調査・アンケート	エンタメ

非常に大きな影響や力を持っており、優越性が際立っている様子を表す言葉。タイトルでは強調や誇張の効果があり、読者の関心を集めやすいです。

タイトル例

圧倒的なスキルアップ法がここに！ 社会人に人気の動画とは（27字）

思わず二度見！ 圧倒的存在感を放つ「ボス猫」が発見される（27字）

Word 086 ★★★ 上級

ヤバい

ビジネス・マネー	くらし・生活	恋愛・婚活	美容・ファッション	健康・ヘルスケア
趣味	旅行・レジャー	グルメ・レシピ	調査・アンケート	エンタメ

本来は危険や異常な状況に使われるネガティブな言葉ですが、近年はポジティブな意味でも使用されています。タイトルに使うことで、印象の強度が増します。

タイトル例

マジ？ 知らない間に私たちのお金が使われているヤバい真実（27字）

ヤバっ！ 新たな美容法が30代女性に革命を巻き起こす（25字）

Word
087 ★★★ 上級

前代未聞

| ビジネス・マネー | くらし・生活 | 恋愛・婚活 | 美容・ファッション | 健康・ヘルスケア |
| 趣味 | 旅行・レジャー | グルメ・レシピ | 調査・アンケート | エンタメ |

過去に例を見ない、前例のない出来事や状況を指すキーワード。独自性や目新しさをアピールし、読者が興味を持ってくれます。

タイトル例

前代未聞！食べれば痩せる不思議なスイーツ（20字）
カワイさ前代未聞！ワンちゃん用のウェアがここまで進化（26字）

Word
088 ★★☆ 中級

プチ・ちょい

| ビジネス・マネー | くらし・生活 | 恋愛・婚活 | 美容・ファッション | 健康・ヘルスケア |
| 趣味 | 旅行・レジャー | グルメ・レシピ | 調査・アンケート | エンタメ |

「ちょっとした」という意味で、心理的ハードルを下げてくれる言葉。女性が反応しやすい単語で、料理など生活にまつわる記事ととくにマッチします。

タイトル例

プチ贅沢しよう！週末に行ける国内リゾート5選（22字）
少し足すだけで味が激変！天下の「ちょいのせレシピ」まとめ（28字）

Word
089 ★★★ 上級

こぞって

ビジネス・マネー	くらし・生活	恋愛・婚活	美容・ファッション	健康・ヘルスケア
趣味	旅行・レジャー	グルメ・レシピ	調査・アンケート	エンタメ

多くの人が一斉に何かを行う様子を表します。人気のスポットや話題の商品・サービスの記事のタイトルに使うと、流行感度の高い読者が反応する傾向があります。

タイトル例

高年収男子がこぞって参加する合コンに潜入してみた (24字)
日本中の人がこぞって見に行く大ヒット映画BEST 5 (25字)

Word
090 ★☆☆ かんたん

NG

ビジネス・マネー	くらし・生活	恋愛・婚活	美容・ファッション	健康・ヘルスケア
趣味	旅行・レジャー	グルメ・レシピ	調査・アンケート	エンタメ

「No Good」の略。回避すべきポイントを教訓にすべく、読者はつい記事をクリックしたくなります。アルファベット2文字ですが、その存在感は十分です。

タイトル例

今すぐ写真撮影が上手くなる「5つのNGポイント」(24字)
絶対NG！言ってはいけない「娘に嫌われる言葉」4選 (25字)

付録 タイトルとの相性抜群！バズるワード140

Word
091 ★☆☆ かんたん

逆効果

ビジネス・マネー	くらし・生活	恋愛・婚活	美容・ファッション	健康・ヘルスケア
趣味	旅行・レジャー	グルメ・レシピ	調査・アンケート	エンタメ

何かをすることで本来期待されるよりも逆に悪影響が生じることを表すワード。読者はギャップに興味を持ち、記事が読みたくなります。

タイトル例

気をつけて！逆効果になる美容のヤバい常識7つ（22字）
絶望！定番の婚活テクが逆効果になった瞬間（20字）

Word
092 ★☆☆ かんたん

失敗

ビジネス・マネー	くらし・生活	恋愛・婚活	美容・ファッション	健康・ヘルスケア
趣味	旅行・レジャー	グルメ・レシピ	調査・アンケート	エンタメ

ネガティブさで、タイトルにインパクトが出る言葉。「失敗したくない」という読者のハートに刺さります。ハウツー記事との相性がピッタリです。

タイトル例

これをやったら必ず失敗する！プロが提唱する5つのNG項目（28字）
挫折から学べ！成功につながる「失敗の名言」30選（24字）

Word 093 ★★☆ 中級

批判

ビジネス・マネー	くらし・生活	恋愛・婚活	美容・ファッション	健康・ヘルスケア
趣味	旅行・レジャー	グルメ・レシピ	調査・アンケート	エンタメ

何かに対して否定的な評価や非難を行うこと。タイトルに入れると議論を呼び起こし、読者の関心を引きます。とくに時事を扱う記事にはまりやすく、おすすめです。

タイトル例

ありえない！ベテラン政治家の「貧乏人」発言に批判殺到（26字）

物議を醸す最新映画「賞賛」と「批判」の声が真っ二つ（25字）

Word 094 ★★★ 上級

最悪

ビジネス・マネー	くらし・生活	恋愛・婚活	美容・ファッション	健康・ヘルスケア
趣味	旅行・レジャー	グルメ・レシピ	調査・アンケート	エンタメ

物事がもっとも悪い状態のこと。強烈な否定の感情を表現し、読者に強い衝撃を与えます。冒頭で「最悪！」と叫ぶのもおすすめです。

タイトル例

マジ最悪！本当にあった「不倫の修羅場」4つのエピソード（27字）

一瞬でポジティブ転換！最悪の瞬間を脱却する名言集（24字）

Word
095 ★★★ 上級

地獄

ビジネス・マネー	くらし・生活	恋愛・婚活	美容・ファッション	健康・ヘルスケア
趣味	旅行・レジャー	グルメ・レシピ	調査・アンケート	エンタメ

「最悪な」という意味の表現です。強烈で感情的な印象を与える言葉であり、興味や好奇心を刺激します。エピソードを紹介する記事に使ってみましょう。

タイトル例

「仕事が地獄。辞めるしかない?」医師が出した意外な助言（27字）

辛いけど効果は絶大「地獄のトレーニング」が大反響（24字）

Word
096 ★★☆ 中級

リスク・危険

ビジネス・マネー	くらし・生活	恋愛・婚活	美容・ファッション	健康・ヘルスケア
趣味	旅行・レジャー	グルメ・レシピ	調査・アンケート	エンタメ

何らかの損害を伴う可能性を指す言葉で、読者の警戒心を煽ります。ビジネスやマネー系の記事でよく目にします。

タイトル例

【注意喚起】初心者が見落とす「株式投資４つのリスク」（26字）

ママは要注意！子供の成長を阻む５つの危険な場所（23字）

Word 097 ★★☆ 中級

トラブル

| ビジネス・マネー | くらし・生活 | 恋愛・婚活 | 美容・ファッション | 健康・ヘルスケア |
| 趣味 | 旅行・レジャー | グルメ・レシピ | 調査・アンケート | エンタメ |

人間関係やマネー記事によく使われる言葉で、「こうはなりたくない」という読者の心理を刺激します。記事に対処法やアドバイスを書くと喜ばれます。

タイトル例

夫婦間での意外なトラブル！円満な関係を築く5つのヒント（27字）

1万件以上の金銭トラブル解決の弁護士「騙される人の特徴」（28字）

今っぽいワード

Word 098 ★★☆ 中級

コスパ・タイパ

ビジネス・マネー	くらし・生活	恋愛・婚活	美容・ファッション	健康・ヘルスケア
趣味	旅行・レジャー	グルメ・レシピ	調査・アンケート	エンタメ

「コスパ」(価格に対する性能の良さ)と「タイパ」(時間効率の良さ)を重視する人は多いもの。賢い消費者でありたいと思う読者の注目を集めます。

タイトル例

驚きのコスパ！お手頃価格で高性能な家電アイテム5選(25字)

今時の若者「恋愛はタイパが悪い」に昭和世代が反発(24字)

Word 099 ★★☆ 中級

ハラスメント・○○ハラ

ビジネス・マネー	くらし・生活	恋愛・婚活	美容・ファッション	健康・ヘルスケア
趣味	旅行・レジャー	グルメ・レシピ	調査・アンケート	エンタメ

他者に対する嫌がらせのこと。セクハラ・パワハラなどマイナスイメージのある言葉ですが、読者の心に訴えかける効果もあります。

タイトル例

ネット上のハラスメント、その実態と対処法をプロが徹底解説(28字)

社会人の8割が経験あり「上司からの隠れたパワハラ」とは(27字)

Word 100 ★★★ 上級

炎上

| ビジネス・マネー | くらし・生活 | 恋愛・婚活 | 美容・ファッション | 健康・ヘルスケア |
| 趣味 | 旅行・レジャー | グルメ・レシピ | 調査・アンケート | エンタメ |

ネット上での議論や反感が急速に広がり、大きな注目を浴びる状態のこと。つい関心を寄せてしまう、現代人の好奇心を刺激するパワーワードの一つです。

タイトル例

SNS炎上に学ぶ、令和のコミュニケーション術 (22字)
人気俳優がまさかの大失態！ 酔っ払い配信が炎上中 (23字)

Word 101 ★★☆ 中級

推し

| ビジネス・マネー | くらし・生活 | 恋愛・婚活 | 美容・ファッション | 健康・ヘルスケア |
| 趣味 | 旅行・レジャー | グルメ・レシピ | 調査・アンケート | エンタメ |

アイドルや俳優、キャラクターなど、特定の人物や物事を応援・支持すること。この一言があるだけで、ファンの注目を引きつけやすくなります。

タイトル例

推しと目が合った熱い瞬間！ ファンが語る最高のエピソード (27字)
この家電、推せる！ プロが厳選「本当に使えるもの」3選 (26字)

付録　タイトルとの相性抜群！ バズるワード140

Word
102 ★★☆ 中級

爆誕

| ビジネス・マネー | くらし・生活 | 恋愛・婚活 | 美容・ファッション | 健康・ヘルスケア |
| 趣味 | 旅行・レジャー | グルメ・レシピ | 調査・アンケート | エンタメ |

何かが誕生することを大袈裟に示す言葉。目新しさや驚きとともに、一気に脚光を浴びる瞬間を表現します。新商品を紹介する記事に使ってみましょう。

タイトル例

世界でバズる日本人アーティスト爆誕！ デビュー前から話題のワケ（30字）
【朗報】あなたの「面倒くさい」が全部消えるグッズ爆誕（26字）

Word
103 ★★☆ 中級

映える

| ビジネス・マネー | くらし・生活 | 恋愛・婚活 | 美容・ファッション | 健康・ヘルスケア |
| 趣味 | 旅行・レジャー | グルメ・レシピ | 調査・アンケート | エンタメ |

写真や場面が美しく、引き立って見えること。若者の「SNS映えする写真を撮りたい」欲求は強いため、20代向けの記事を書くときはとくにおすすめです。

タイトル例

映えると話題！ 美しい「かき氷」の進化が止まらない（24字）
プロカメラマンが教える！ 写真がもっと映える3つのテク（26字）

Word 104 ★★★ 上級

ガチャ

ビジネス・マネー	くらし・生活	恋愛・婚活	美容・ファッション	健康・ヘルスケア
趣味	旅行・レジャー	グルメ・レシピ	調査・アンケート	エンタメ

本来はカプセルトイを入手する仕組みのこと。そこから転じて、予測不可能性から生じる感情を表現するワードです。近年、「親ガチャ」「上司ガチャ」などの新しい言葉が注目を集めています。

タイトル例

上司ガチャ大成功！部下が「この人についていこう」と思う瞬間（29字）
ガチャの裏技大公開！絶対に手に入れたい３つのアイテム（26字）

Word 105 ★★☆ 中級

バズる

ビジネス・マネー	くらし・生活	恋愛・婚活	美容・ファッション	健康・ヘルスケア
趣味	旅行・レジャー	グルメ・レシピ	調査・アンケート	エンタメ

SNSなどネットで話題が大きく拡散されること。「流行」「ヒット」などの言葉の代わりに使うと、より勢いのあるタイトルになります。

タイトル例

女子高生がレトロに夢中！「昭和」がバズる４つのワケ（25字）
一夜にして大バズりした新発売のコスメ、その中身とは？（26字）

付録　タイトルとの相性抜群！バズるワード140

Word 106 ★★☆ 中級

いいね・再生回数

ビジネス・マネー	くらし・生活	恋愛・婚活	美容・ファッション	健康・ヘルスケア
趣味	旅行・レジャー	グルメ・レシピ	調査・アンケート	エンタメ

紹介するコンテンツにどれだけ話題性があるかを表すキーワード。回数の具体的な数字を一緒に書くことで、より読者の関心を集めます。

タイトル例

【いいね３万超え】駅で起こったストーリーに感動の声 (25字)

再生回数10万回の「手っ取り早く美髪になる」動画がスゴイ (28字)

Word 107 ★★☆ 中級

動画・画像

ビジネス・マネー	くらし・生活	恋愛・婚活	美容・ファッション	健康・ヘルスケア
趣味	旅行・レジャー	グルメ・レシピ	調査・アンケート	エンタメ

動画や画像でコンテンツを楽しみたい人は増えています。記事にそれらが載っていることをタイトルで伝えると、よりクリックされやすくなります。

タイトル例

【画像51枚】東京に新しくオープンする豪華ホテルが美しすぎる (30字)

３分動画で学ぶ！ 初心者でも損しない「株式投資」の始め方 (27字)

Word **108** ★★☆ 中級

速報

ビジネス・マネー	くらし・生活	恋愛・婚活	美容・ファッション	健康・ヘルスケア
趣味	旅行・レジャー	グルメ・レシピ	調査・アンケート	エンタメ

最新の話題があることをアピールする言葉。【 】に入れて、ニュースや新商品の記事のタイトル冒頭につけると、情報の新しさや即時性が強調され、注目を浴びます。

タイトル例

【速報】ファッション好き注目！今年の「流行色」決まる (26字)
新作コスメ速報！誰もが振り返る赤リップが爆誕 (22字)

Word **109** ★★★ 上級

格差

ビジネス・マネー	くらし・生活	恋愛・婚活	美容・ファッション	健康・ヘルスケア
趣味	旅行・レジャー	グルメ・レシピ	調査・アンケート	エンタメ

経済格差など、あらゆる分野での差異や不平等のこと。ネットユーザーの関心が高い言葉の一つです。同級生やママ友など、人間関係のテーマにも合います。

タイトル例

保育園にブランドバッグ…「ママ友格差」を感じた瞬間 (25字)
格差を埋める「新しい社会のデザイン」アイデア4つ (24字)

付録 タイトルとの相性抜群！バズるワード140

Word 110 ★★★ 上級

勝ち組・負け組

ビジネス・マネー	くらし・生活	恋愛・婚活	美容・ファッション	健康・ヘルスケア
趣味	旅行・レジャー	グルメ・レシピ	調査・アンケート	エンタメ

成功している人々とそうでない人々を指す言葉。成功と失敗をリアルに浮き彫りにする記事は、読者の知りたい欲求に火をつけます。

タイトル例

小学校受験に見る「勝ち組」と「負け組」の根本的違い（25字）
20代までは順調だったのに、いつの間にか負け組に転落した俺（29字）

Word 111 ★★★ 上級

金持ち・貧乏

ビジネス・マネー	くらし・生活	恋愛・婚活	美容・ファッション	健康・ヘルスケア
趣味	旅行・レジャー	グルメ・レシピ	調査・アンケート	エンタメ

経済的な状態を直接的に表現するワード。お金について書いた記事のタイトルに加えるとインパクトが大きくなります。恋愛や婚活などと掛け合わせてもバズリやすいです。

タイトル例

これが本当の金持ちだ！成功者の意外なお金の使い道3つ（26字）
悲惨な「貧乏老後」を防ぐための今からできる5つの予防策（27字）

Word
112 ★★★ 上級

中毒

| ビジネス・マネー | くらし・生活 | 恋愛・婚活 | 美容・ファッション | 健康・ヘルスケア |
| 趣味 | 旅行・レジャー | グルメ・レシピ | 調査・アンケート | エンタメ |

何かに対して強い依存や執着、強すぎる愛情を指す言葉。読者の好奇心や興味を喚起し、釘付けにします。「好き」という言葉の言い換えにも使えます。

タイトル例

時間を取り戻せ！「SNS中毒」から脱却する3つの方法（26字）

中毒性バツグン！ 一度プレイすると抜け出せないゲームとは（27字）

Word
113 ★★★ 上級

暴露

| ビジネス・マネー | くらし・生活 | 恋愛・婚活 | 美容・ファッション | 健康・ヘルスケア |
| 趣味 | 旅行・レジャー | グルメ・レシピ | 調査・アンケート | エンタメ |

秘密や隠れていた情報を明らかにすること。読者の「知りたい」という欲求を大いに刺激します。医師や弁護士など、専門家を表す言葉と相性が良いです。

タイトル例

マジ？ YouTuberが人気俳優の危ない一面を暴露！（26字）

医師の本音さく裂！「飲んではいけない3つの薬」を大暴露（27字）

Word 114 ★★★ 上級

日本人の◯◯離れ

ビジネス・マネー	くらし・生活	恋愛・婚活	美容・ファッション	健康・ヘルスケア
趣味	旅行・レジャー	グルメ・レシピ	調査・アンケート	エンタメ

これまで日本人の慣習として知られていたことが、時代の流れにより変化しつつあることを表します。SNSで読者がいろんな意見を投稿する、バズりやすいテーマです。

タイトル例

コスパが悪い？「日本人の恋愛離れ」が深刻なワケ (23字)
パン派が増えた？「日本人のコメ離れ」は本当か (22字)

Word 115 ★★☆ 中級

セレブ

ビジネス・マネー	くらし・生活	恋愛・婚活	美容・ファッション	健康・ヘルスケア
趣味	旅行・レジャー	グルメ・レシピ	調査・アンケート	エンタメ

「セレブリティ」の略。社会的な地位・知名度が高く、豊かな生活をしている人々のこと。女性向けのファッション、美容、旅行記事によく合います。

タイトル例

格安なのにセレブ気分を味わえるホテルステイの裏ワザ (25字)
セレブアピールかよ！ママ友にイラッとした５つの瞬間 (25字)

Word **116** ★★☆ 中級

エリート

ビジネス・マネー	くらし・生活	恋愛・婚活	美容・ファッション	健康・ヘルスケア
趣味	旅行・レジャー	グルメ・レシピ	調査・アンケート	エンタメ

能力やスキルが非常に高い、一流の人材のこと。憧れや嫉妬心など、読者のさまざまな感情を呼び起こし、SNSでのシェアが増えます。

タイトル例

キャリアを加速させる！エリートが推す最強の仕事部屋づくり（28字）

エリートからの転落人生！崖っぷちOLに起きた3つの不幸（27字）

Word **117** ★☆☆ かんたん

ママ

ビジネス・マネー	くらし・生活	恋愛・婚活	美容・ファッション	健康・ヘルスケア
趣味	旅行・レジャー	グルメ・レシピ	調査・アンケート	エンタメ

ママ同士の共感を呼ぶキラーワード。とくに子育て・家庭に関する情報やアドバイス、キャリア関連の話題に高い関心が寄せられ、シェア率も高くなる傾向があります。

タイトル例

子育てもキャリアも充実！「すべてを手に入れたママ」になる秘訣（30字）

あなたもできる「ママライター」として活躍する3ステップ（27字）

付録　タイトルとの相性抜群！バズるワード140

Word 118 ★★★ 上級

タワマン

ビジネス・マネー	くらし・生活	恋愛・婚活	美容・ファッション	健康・ヘルスケア
趣味	旅行・レジャー	グルメ・レシピ	調査・アンケート	エンタメ

高層階建てのマンションを指す言葉。読者は良くも悪くも、タワマン住民の生活スタイルに注目しており、クリックされやすいテーマと言えます。

タイトル例

「絶対にタワマンに住みたい」希望を叶える最短ルートとは (27字)

階数でマウント…ドロドロしたタワマン生活の実態 (23字)

Word 119 ★★★ 上級

老害

ビジネス・マネー	くらし・生活	恋愛・婚活	美容・ファッション	健康・ヘルスケア
趣味	旅行・レジャー	グルメ・レシピ	調査・アンケート	エンタメ

主に高齢者が持つ古い考え方や時代遅れの価値観のこと。オフィスや日常生活でのエピソードを紹介すると、共感を呼び、シェアされやすいです。

タイトル例

あなたは大丈夫？「老害セルフチェック」10項目 (23字)

ご注意！これを言ったら「老害認定」されるセリフ4選 (25字)

Word **120** かんたん ★☆☆

最新・最先端

| ビジネス・マネー | くらし・生活 | 恋愛・婚活 | 美容・ファッション | 健康・ヘルスケア |
| 趣味 | 旅行・レジャー | グルメ・レシピ | 調査・アンケート | エンタメ |

常に最新の情報に触れていたい人、トレンドに興味を持つ人にストレートにアピールできる単語です。新しいものを紹介する記事には必ず入れましょう。

タイトル例

時間もコストも半分になる！ 最新AIで叶える最強仕事術（26字）
研究者が提唱！ 最先端DXが引き起こす社会の転換点（24字）

Word **121** かんたん ★☆☆

話題・トレンド・ヒット

| ビジネス・マネー | くらし・生活 | 恋愛・婚活 | 美容・ファッション | 健康・ヘルスケア |
| 趣味 | 旅行・レジャー | グルメ・レシピ | 調査・アンケート | エンタメ |

あることが注目を集め、人気が高まっている状態のこと。新しさや注目度を強調し、読者にとって魅力的な情報があることをアピールすることができます。

タイトル例

知らないと恥をかく！ 誰もがトリコになる話題のヒット曲（26字）
来年のビジネスを制する「トレンドキーワード」20選（25字）

付録 タイトルとの相性抜群！ バズるワード140

Word
122 ★★☆ 中級

◯◯活

| ビジネス・マネー | くらし・生活 | 恋愛・婚活 | 美容・ファッション | 健康・ヘルスケア |
| 趣味 | 旅行・レジャー | グルメ・レシピ | 調査・アンケート | エンタメ |

「活動」の略。朝活や婚活、オタ活など、具体的な内容を書くことで楽しさや魅力を伝え、読者の興味を引きつけることができます。

タイトル例

幸せです！「推し活をやっててよかった」と思う4つの瞬間（27字）

退屈なあなたに！ 新しい趣味を発掘する「朝活」まとめ（25字）

定番のワード

Word
123 ★☆☆ かんたん

意外

ビジネス・マネー	くらし・生活	恋愛・婚活	美容・ファッション	健康・ヘルスケア
趣味	旅行・レジャー	グルメ・レシピ	調査・アンケート	エンタメ

予想外である、期待に反する、あるいは通常の予測から外れること。タイトルに使用することで、不思議と読者の目線をキャッチすることができます。

タイトル例

人気料理YouTuberが太鼓判を押す意外な調味料とは（27字）
外国人観光客が殺到する「意外すぎる人気の観光地」ベスト5（28字）

Word
124 ★☆☆ かんたん

思わず

ビジネス・マネー	くらし・生活	恋愛・婚活	美容・ファッション	健康・ヘルスケア
趣味	旅行・レジャー	グルメ・レシピ	調査・アンケート	エンタメ

意識せずに自然と何かを感じたり、行動したりする様子を表現する言葉。ライフスタイルやエピソード記事など、気軽に読める記事と相性が良いという特徴があります。

タイトル例

思わず笑ってしまう「ペットのおバカな姿」がネットで好評（27字）
20代男性が「思わず本命に取ってしまう行動」ベスト5（26字）

付録 タイトルとの相性抜群！バズるワード140

Word 125 ★☆☆ かんたん

無意識

ビジネス・マネー	くらし・生活	恋愛・婚活	美容・ファッション	健康・ヘルスケア
趣味	旅行・レジャー	グルメ・レシピ	調査・アンケート	エンタメ

個人が自覚せずに何かを感じたり行動する状態のこと。読者の憧れの人が「無意識にやっている行動」というテーマは、とくによく読まれます。

タイトル例

稼ぐ人がやっている「無意識な朝の習慣」ランキング (24字)
モテる女性が無意識に送る「気遣いLINE」がすごすぎた (27字)

Word 126 ★☆☆ かんたん

あえて

ビジネス・マネー	くらし・生活	恋愛・婚活	美容・ファッション	健康・ヘルスケア
趣味	旅行・レジャー	グルメ・レシピ	調査・アンケート	エンタメ

普通ではない選択や行動を、意図を持って行う様子を表現する言葉。独自の視点や情報を期待させ、読者の視線を一気に集めやすくなります。

タイトル例

痩せているモデルがあえて肉をたくさん食べるワケ (23字)
教育者があえて小学生にスマホゲームを勧める3つの理由 (26字)

Word
127 ★☆☆ かんたん

やりがち

ビジネス・マネー	くらし・生活	恋愛・婚活	美容・ファッション	健康・ヘルスケア
趣味	旅行・レジャー	グルメ・レシピ	調査・アンケート	エンタメ

一般的で日常的な行動や癖を指す言葉。「ムダな習慣」などのマイナスな要素と一緒に使うことで、読者の共感を得る確率がグッと上がります。

タイトル例

ショック！ 社会人1年生がやりがちな「ムダな勉強法」とは（27字）

実は逆効果！ ストレス解消のためにやりがちな毒ストレッチ（27字）

Word
128 ★★☆ 中級

逆に

ビジネス・マネー	くらし・生活	恋愛・婚活	美容・ファッション	健康・ヘルスケア
趣味	旅行・レジャー	グルメ・レシピ	調査・アンケート	エンタメ

通常の予想や期待に反する結果や状況のこと。読者に疑問や不思議な感覚を抱かせ、記事を読むモチベーションを高めます。

タイトル例

ダイエットは逆に太る？ 人気医師が原因を徹底解説（23字）

なんの取り柄もない人間が「逆にすごい」と賞賛されるワケ（27字）

Word 129 ★☆☆ かんたん

狙い目

ビジネス・マネー	くらし・生活	恋愛・婚活	美容・ファッション	健康・ヘルスケア
趣味	旅行・レジャー	グルメ・レシピ	調査・アンケート	エンタメ

今注目すべきことやチャンスがあることを強調するワード。注目の銘柄を紹介するマネー記事や、穴場に関する旅行記事など、使い勝手の良い言葉です。

タイトル例

今が仕込み時!人気投資家が教える「狙い目の銘柄」5つ (26字)

始めやすく、稼ぎやすい「狙い目の副業」ベスト10 (24字)

Word 130 ★☆☆ かんたん

○○術

ビジネス・マネー	くらし・生活	恋愛・婚活	美容・ファッション	健康・ヘルスケア
趣味	旅行・レジャー	グルメ・レシピ	調査・アンケート	エンタメ

特定のスキルや技術を指す言葉で、何かを上手に行う方法やテクニックを示します。ハウツー記事を書く人は、まずこの単語を使ってみましょう。

タイトル例

必見!恋愛が苦手な人のためのコミュニケーション術 (24字)

令和の時代はこれが効く!今から始める「シン節約術」4つ (27字)

Word 131 中級 ★★☆

魔法

ビジネス・マネー	くらし・生活	恋愛・婚活	美容・ファッション	健康・ヘルスケア
趣味	旅行・レジャー	グルメ・レシピ	調査・アンケート	エンタメ

通常の期待を超えるポジティブな力を発想させ、読者の好奇心を刺激します。努力なしに願望を叶えられるイメージがあるため、クリック率も上がります。

タイトル例

あなたの印象が100倍良くなる「魔法のメール術」5つ（26字）
まるで魔法!?　1秒で肩こりが解消する最強のストレッチ（25字）

Word 132 中級 ★★☆

穴場

ビジネス・マネー	くらし・生活	恋愛・婚活	美容・ファッション	健康・ヘルスケア
趣味	旅行・レジャー	グルメ・レシピ	調査・アンケート	エンタメ

一般的に知られていないが、知っていると得する場所や情報のことを表現する言葉。連休や夏休みなど、人出の多いシーズンは、「穴場」の記事がよく読まれます。

タイトル例

満開の桜を独り占めできる「花見の穴場スポット」3選（25字）
【穴場のグルメ】知る人ぞ知る横浜の名店ベスト5（23字）

付録　タイトルとの相性抜群！バズるワード140

Word 133 ★★☆ 中級

ギャップ

| ビジネス・マネー | くらし・生活 | 恋愛・婚活 | 美容・ファッション | 健康・ヘルスケア |
| 趣味 | 旅行・レジャー | グルメ・レシピ | 調査・アンケート | エンタメ |

予想外の対照的な要素や状況の違いのこと。このギャップが大きいほどおもしろさを生みます。主に人物に関する記事との親和性が高いでしょう。

タイトル例

同級生の「予想外のギャップ」にキュンとする瞬間 (23字)
日常と非日常のギャップを堪能せよ!「近未来VR」4つの魅力 (29字)

Word 134 ★★☆ 中級

卒業

| ビジネス・マネー | くらし・生活 | 恋愛・婚活 | 美容・ファッション | 健康・ヘルスケア |
| 趣味 | 旅行・レジャー | グルメ・レシピ | 調査・アンケート | エンタメ |

ある段階や状態からの移行や、新しいステージへの進化を描写します。ネガティブな習慣から抜け出す記事のタイトルに使ってみましょう。

タイトル例

ネガティブ女子は卒業!前向きになれる4つの魔法の言葉 (26字)
カラオケで褒められる!音痴が卒業できる秘密のトレーニング (28字)

Word **135** ★★☆ 中級

脱○○

ビジネス・マネー	くらし・生活	恋愛・婚活	美容・ファッション	健康・ヘルスケア
趣味	旅行・レジャー	グルメ・レシピ	調査・アンケート	エンタメ

ある状態から脱却して新しい方向に進んだりアプローチをしたりすること。読者が抜け出したい習慣や状態をストレートに書くことが、たくさん読まれるコツです。

タイトル例

脱ストレス社会！ 幸せな田舎暮らしを始める5つの準備 (25字)
プロが語る「脱・汚部屋」を叶えた人の初めの一歩 (23字)

Word **136** ★★★ 上級

業界

ビジネス・マネー	くらし・生活	恋愛・婚活	美容・ファッション	健康・ヘルスケア
趣味	旅行・レジャー	グルメ・レシピ	調査・アンケート	エンタメ

特定の領域や分野に関する隠れた情報があることをアピールできる言葉。株を運用している人をはじめ、最新トレンドや裏側の情報に興味を持つ人に響きます。

タイトル例

業界の最新トレンドはコレ！ 一足早く取り入れる方法とは (26字)
金融業界では常識「本当に儲かる投資」をこっそり伝授 (25字)

Word 137 ★★☆ 中級

比較

ビジネス・マネー	くらし・生活	恋愛・婚活	美容・ファッション	健康・ヘルスケア
趣味	旅行・レジャー	グルメ・レシピ	調査・アンケート	エンタメ

違いや類似点を把握するのは、読者が選択や意思決定するときの重要な要素です。ビフォーアフターを見せる記事も受けが良い傾向にあります。

タイトル例

結局どれを買うのが一番お得？ 最新テレビの完全比較ガイド（27字）

【比較画像あり】戦後から風景が一変した東京・街の歴史（26字）

Word 138 ★☆☆ かんたん

まとめ

ビジネス・マネー	くらし・生活	恋愛・婚活	美容・ファッション	健康・ヘルスケア
趣味	旅行・レジャー	グルメ・レシピ	調査・アンケート	エンタメ

複数の情報や要点をまとめて、簡潔な形で提示する記事におすすめです。読者は情報を手軽に把握できるので、クリックされやすいタイトルになります。

タイトル例

絶対に失敗しない！「初めてのマーケティング戦略」まとめ（27字）

知らなきゃ損！3月のポイント・キャンペーン情報まとめ（26字）

Word **139** ★★★ 上級

時代遅れの

ビジネス・マネー	くらし・生活	恋愛・婚活	美容・ファッション	健康・ヘルスケア
趣味	旅行・レジャー	グルメ・レシピ	調査・アンケート	エンタメ

現代の進化や変化に対して古くなっていたり、遅れたりしている状態のこと。「そうはなりたくない」という読者の心にズバッと刺さり、クリックを誘います。

タイトル例

まだやってるの？「時代遅れの脱毛法」にご用心（22字）
女性に嫌われる！「時代遅れの男の習慣」ワースト5（24字）

Word **140** ★☆☆ かんたん

トリビア

ビジネス・マネー	くらし・生活	恋愛・婚活	美容・ファッション	健康・ヘルスケア
趣味	旅行・レジャー	グルメ・レシピ	調査・アンケート	エンタメ

一般的な知識や裏話、またはちょっとした雑学のこと。思わず「へぇ〜」という声が出るような、日常生活に関するトリビアはよく読まれます。

タイトル例

毎日が新発見！暇つぶしに最適な「日常トリビア」50選（26字）
【トリビア】鉄道車両に書いてある謎のカタカナと数字の正体（28字）

東 香名子（あずま・かなこ）

ウェブメディアコンサルタント／コラムニスト

東洋大学大学院修了後、編集プロダクション、外資系企業を経て、女性サイト「東京独女スタイル」の編集長に就任。アクセス数を月間1万から650万PVにまで押し上げ、女性ニュースサイトの一時代を築いた。その後、独立。

現在は、ウェブ連載・テレビ出演などのメディア活動の傍ら、ウェブタイトルのプロフェッショナルとして、メディアのコンサルテーションや講演活動を行う。クライアントは企業オウンドメディアから、プロライター、芸能人、会社経営者、ライティングを副業とするOLまで幅広い。

2021年には、趣味の鉄道好きを活かしてウェブメディア「鉄道トレンド総研」を設立。鉄道に関するアンケートをもとにしたオリジナルの記事を執筆し、定期的に配信している。

著書に『「バズる記事」にはこの１冊さえあればいい　超ライティング大全』（プレジデント社）『100倍クリックされる　超Webライティング　実践テク60』『100倍クリックされる　超Webライティング　バズる単語300』（ともにPARCO出版）がある。趣味は鉄道とクイズ。

▼オフィシャルサイト
https://azumakanako.com/

▼鉄道トレンド総研
https://tetsudotrend.com/

超タイトル大全

文章のポイントを
短く、わかりやすく伝える
「要約力」が身につく

2024年9月30日　第1刷発行

著　　者	東 香名子
発 行 者	鈴木勝彦
発 行 所	株式会社 プレジデント社

　　　　　〒102-8641　東京都千代田区平河町 2-16-1
　　　　　平河町森タワー 13 階
　　　　　https://www.president.co.jp/
　　　　　https://presidentstore.jp/
　　　　　電話　編集（03）3237-3732
　　　　　　　　販売（03）3237-3731

ブックデザイン	三森健太（JUNGLE）
編　　集	大島永理乃　渡邉 崇
校　　正	株式会社 聚珍社
Ｄ Ｔ Ｐ	株式会社 キャップス
販　　売	桂木栄一　高橋 徹　川井田美景　森田 巌　末吉秀樹
制　　作	関 結香
印刷・製本	中央精版印刷 株式会社

©2024 Kanako Azuma
ISBN978-4-8334-2547-6
Printed in Japan
落丁・乱丁本はおとりかえいたします。